80婆さんのパリ在住50年の思い出

佐藤　美知子

まえがき

22歳で日本を飛び出してパリに行き、学び、ローカルガイド、レストラン業などに勤しんだパリでの生活。

日本では絶対にこんな経験、このような方たちとの遭遇はなかったでしょう。

パリでの50年間の人生を、思い出すがままにつづってみました。

目次

第1章　ダリとの出会い

　1960年代、海外旅行が解禁になったと同時に、世界を見てみようとたくさんの若者たちが日本を後にしました。私もその一人。フランスに行きました。パリのモンパルナスを拠点（ベース）として、レストラン、子守、ブラッセルのヒルトンホテルのレセプショニストなどのアルバイトをしながら、ヨーロッパの国々と都市を見て回りました。

　その当時、モンパルナス街には、モンマルトルの丘から移ってきた世界各国の有名な芸術家たちが大勢住み、アトリエを構えていました。版画家の浜口陽三先生や、同じく版画家だった奥さまの南桂子先生たちとお友達になったのもモンパルナスでした。

ブラッセルのヒルトンホテルにて

ブルーバード・モンパルナスは華やかで、ドーム、セレクト、ロトンド、クーポールなどのキャフェやレストランが軒を並べておりました。まだド・ゴール大統領やエディット・ピアフ、ピカソが存命中だった時代です。

その中で、特にキャフェ・ドームは世界中の芸術家、あるいはそれを目指す人たちの聖地でもありました。そのキャフェは小さく、知らない人同士でもひざを突き合わせて座る状態でした。冬は締め切った室内に煙草のジタンや葉巻の煙の匂いに混じり、キャフェオレやショコラショーの湯気と甘い香りも加わったドーム独特の雰囲気の中で、みんな芸術談義に夢中になっていました。最近60年前の日記を読み返したところ、そこでいけばな草月流の創始者・勅使河原蒼風氏と言葉を交わしたことが記されていました。

もう1軒、変わったキャフェがありました。コスモスです。10席もないような小さなキャフェでしたが、そこでダべっている人たちは昼間から厚化粧をした女性ばかりでした。でもどこか違和感があり、一度入ってみることにしました。外見は女性でしたが、声はドスのきいた男性の声でした。近くにレズビアンを対象としたＥＬＬＥ　ＥＴ　ＬＵＩと、ゲイの男性が出入りするＣＡＲＲＯＵＳＥＬというキャバレーがあり、そこで働いている男性たちでした。

ある日、私がキャフェ・セレクトのドアを開け中に入ると、知人のベトナム系フランス人が寄ってきて「ミチコ、友達を紹介するから僕たちのテーブルにおいで」と誘われました。4～5人が丸いテーブルを囲み、絵の写真を回し見ていました。最近ニューヨークの個展に出品した作品とのこと。そこで「画家のサルバトーレだよ」と、1人の男性を紹介されました。私も礼儀として「どうぞよろしく」と握手を求めました。その時、心の中で「体格が良く風格があり顔も立派なのに、なんと変なヒゲを生やしているのかしら」と思ったぐらいで、特に興味も持ちませんでした。

その後、スカンジナビアの国々を見てみたいと考えていたところ、コペンハーゲンのロイヤルホテルにルームメイドの仕事が見つかり、3カ月間働きました。そこで一緒に働いていた若いスペイン人に、昼食の誘いを受けました。ホテルは職種によって仕事が始まる時間と終わる時間がまちまちです。その日、私は彼より30分遅れでした。約束のバスストップに行くと、彼はベンチに座り、オーラという大判で華やかな写真がいっぱいのスペインの大衆紙を見ていました。

私が着いた時に彼が見ていたのは、見開き2ページの中央に、冠をかぶって杖を持った男性が、玉座を思わせるような豪華な椅子に座っている写真でした。8人ぐらいのブロンドやブルネットの美人に囲まれたその男性は、サルバトーレでした。それを見てすぐ「ああ、私、この人知ってるわ」と言うと、彼は素っ気なく「君がこの人を知ってるはずがない」と言いました。私は「知ってる、知ってる」と反論しました。この人はパリに住んでいるサルバトーレというスペイン人の画家で、最近ニューヨークで個展を開いていた人だと告げました。彼は私の顔をまじまじと見て「君はこの人が一体どんな人か知っているのか？」と聞くので、知らないと答えました。「ダリだよ」と、彼は大げさに言いました。私は2～3秒言葉に詰まりました。「え？　あの世界的に有名な、あのダリ？　まさか」。その日、どのレストランで何を食べたかを思い出そうとしても思い出せません。

3カ月後、パリに帰り、日本最初の女性写真家と言われるユウコさんにその話をすると「みっちゃん、あんたバカだね。アトリエに行って絵を描いてもらい、ついでにデッサンとか、その辺に散らばっているものを何でもいいから失敬してくればよかったのよ」と叱られました。私は心の中で「だって彼があんなヘンなひげを生やしているなんて知らなかったんだもん」と言い訳をしていました。

私自身も大変失敗したと思います。しかし、彼とはもう元に戻れない状態になっていました。セレクトに行くたびに、サルバトーレに「絵を描いてあげるから、アトリエにおいで」と誘われていました。当時はまだ若くうぶで、中年のこの変なおじさんとアトリエで二人きりになるのが嫌だったのも理由の一つですが、もっと深刻な訳がありました。それは、人通りの多いブルーバード・モンパルナスを、あの変なひげを生やしたサルバトーレと一緒に歩き、通行人の注目を浴びるのが恥ずかしかったのです。

私がアトリエに行きたくないことを悟った彼は、私の好きな場所でよいと言ってくれました。そこで私は、近くのルクセンブルク公園の中にある歴代フランス王妃の像の中の、マリー・アントワネットの銅像の前で何日何時と告げました。でも行きませんでした。最初から行くつもりはなかったのです。たとえ相手がどんな人であろうと、こんな約束をしたその当時の自分を、今では恥ずかしく思います。その後、セレクトで彼に会った時に冷たくされ、言葉もかけてもらえませんでした。私はもうそのキャフェには行かなくなりました。

もちろん、高校の美術史でダリやピカソのことを勉強しました。初めてフランス郵船で横浜からフランスに向かった時、たまたま上野美術館でダリ展が開催されていました。しかし芸術的センスのない私には、ピカソやダリの絵は理解できませんでした。

当時、高校で使われていた教科書に彼らのファーストネームがあったか否か覚えていませんが、芸術家たちの顔写真がなかったのは確かです。ピカソのファーストネームがパブロで、ダリがサルバトーレ、ミレーがジャン＝フランソワなどは、フランスの学校で覚えました。もちろんダリがあんなひげを生やしていたのも知りませんでした。80年間生きていていろんな思い出がありますが、一番悔やまれるのがこの件です。

最近、フランスで発行されたダリ全画集を見る機会がありました。大変厚い画集で、すべての作品が2冊に収められた物です。その中で、私は彼が何十人もの女性のポートレートを年代と名前入りで描いていたことを初めて知りました。ああ、あの時「ウイ」と言っていれば、たった一人の日本人のポートレートとして、その全集に絶対載ったはず…。

最後に、ダリ氏の名誉のために書き残しますが、絵を描いてあげると誘われた時、中年男性が若い女性を誘う時の後ろめたいいやらしさは一度も感じませんでした。サルバトーレにとっては単に日本人女性が珍しかっただけのことで、私にすればあのひげが嫌だっただけの話です。

フランス人は言います。［愚かな人間はいつもチャンスの横を素通りしてしまう］と。このことなのですね。

第2章　本物のリチャード・ギアは小さかった

昨夜、テレビで映画『プリティ・ウーマン』を観ました。とても懐かしく、癒されました。

パリで初めて上映された時に、娘にせがまれて近くのシャンゼリゼ大通りの映画館で観た映画です。さすがアメリカ人は娯楽映画作りが上手と思いながら、楽しいひとときを過ごしました。主役の2人もよかった。特にリチャードのあの優しそうな甘い笑顔には、もううっとりさせられました。

翌日の昼食時、私のレストランに若くて元気のいい、ひょろっとした女の子が「ボンジュール」と言いながら入ってきました。発音からして、アメリカ人だなと察しました。その後に入ってきたのが、連れらしい小さな男性でした。2人は私の真正面に並んで立ち、満面の笑みを浮かべて「ボンジュール、マダム」と言い、動こうとしませんでした。「私の知り合いの誰かかしら？　あるいは私に何か言いたいのかしら？」と思いながらも、昼はお客様が多かったので「あちらにどうぞ」と、奥の部屋に行っていただきました。

レストランの昼食時は近くで働いている人が多く、食事が終わると「メルシー」とか「アビアント（またね）」などと言いながら、駆け足で出ていきます。しかしこの2人は、食事後もまたにこにこしながら、私の前に並びました。どうしてかしらと思いながら、男性の顔をじっと見つめました。この甘く優しい笑顔。なんと昨日の映画の主役に似ていることか。しかし、ハリウッドの人気俳優になるには背が小さすぎる。それに横に立つ通訳の女の子の背が、普通以上に高かったのです。

その夜、娘にこの一件を話すと、「ママ、それ本人よ。彼は小さな人なのよ」と。彼はその時『プリティ・ウーマン』のプロモーションのため、パリに来ていたのです。

私の家からシャンゼリゼ大通りまでは歩いて3～4分です。ワグラム通りを凱旋門に向かって歩くと、ちょうどその真ん中辺りに、ワーナー・ブラザーズの支社があります。その店頭には、常に『マイ・フェア・レディ』の華やかな衣装を着けた、ヘップバーンの大きなパネルが飾ってあります。アメリカから来た俳優などがプロモーションのためにパリに入ると、この支社のスタッフがいろいろと面倒を見るわけです。

ギア氏もあいさつのため支社に寄ったのでしょう。そこで昼食は何にしたいか聞かれたと思います。仏教徒で大の日本好きらしい彼が、日本食と言ったのでしょう。それに、その会社のスタッフもいつも私のレストランを利用していたので、勧めてくださったのかもしれません。

あの2人はどうして私に満面の笑みを向けてくれたのか。そうです。「あなたはリチャード・ギアさんですね」と私に気づかせたかったのです。なんて悪いことをしてしまったのかと悔やみました。「昨日、シャンゼリゼ大通りであなたの映画を観てきましたよ」と言ってあげればよかったのに。にもかかわらず、彼は世界中の女性を魅了した、あの甘く優しい笑顔を、私一人に向けてくれたのです。それも二度も！

第3章　イタリア　ボルジア家とエステ家の末裔との出会い

ある夜、かなり遅く、レストランに30代半ばの男性が入ってきました。ほとんどお客様もいなくなったので、カウンターを勧めました。私同様に話好きらしく、遅くまで盛り上がりました。残っていたお客様も帰り、従業員もいなくなると、彼は「自分はボルジア家の末裔だ」と言い出したのです。「え？　あの法王アレクサンデル6世の？」と言うと、そうだと言う。身分証明書を見せてくれました。確かに姓はボルジアとある。イタリー語やフランス語ではボルジアと発音しますが、ボルジア家の出身はスペインなので、スペルは同じでも発音がちょっと違います。彼らはボルヒアと発音します。そこで私は「もしあなたが本当にボルジア家出身であるのならば、先祖はルクレツィアのはずだ」と言いました。

アレクサンドル6世は法王でありながら、生涯に男子4人、女子1人の子どもをもうけました。しかし男子全員が子どもを残さず死んでいるので、残るのはこの一人娘、ルクレツィアしかいないはずだと言うと、「我々は先祖代々、ルクレツィア・ボルジアが先祖だと伝えられてきた」と言いました。ああ、これは本物だと思いました。ルクレツィアは青春時代、法王の娘であるがために父や野心家の兄であるチェザーレに政治的に利用され、大変不幸な人生を送ってきました。しかし、後にフェラーラ侯国のエステ家に嫁入りしました。エステ家は、あのイザベラ・デステの実家でもあります。ダ・ヴィンチは、このイザベラのクロッキー、ポートレートを残し、現在、パリのルーブル美術館が所蔵しています。

エステ家での彼女の結婚生活は幸せだったのでしょう。子どもを何人ももうけました。アレクサンドル６世の孫たちですから、さぞかし歴史に残るような人物が傑出したのではと思い、その当時、調べましたら、１人いました。イポリットという人物で、枢機卿にまで上り詰めていました。聖職者としては大変な出世です。もしかしたら、次期ローマ法王として選出される可能性があるからです。ローマ郊外に自分の別荘として、噴水いっぱいのチボリ公園を作ったのが、この人物です。

もう一人、ルクレツィアを先祖に持つ人がいました。私のレストランの向かい側に住んでいる人で、彼も身分証明書を見せてくれました。フランスでは外出する時、身分証明書の携帯が義務付けられています。外国人でしたら必ずパスポート。

冒頭の男性は、自分はユダヤ人だと言っていました。「ボルジアの名前を持つ人間がユダヤとはありえないでしょ」と問うと、祖父がユダヤ人女性と恋に落ち、結婚したとのこと。あ、そうかと納得しました。もしユダヤ人が異教徒と結婚した場合、ユダヤ教のおきてにより母親の宗教が優先されます。回教徒の場合は、父親の宗教を優先します。ですから、この男性の家族は祖父の時代からユダヤ人になったのです。

あるフランス人がこんな話をしてくれました。ユダヤ人を母に持ち回教徒を父に持つ1人の少年がある日、母親に問いました。「僕はいったいどちらなのか」と。母親は答えました。「母親である私がユダヤ人なのだからおまえはユダヤ人だよ」と。同じ質問を父親にしました。「父親である私が回教徒だからおまえは回教徒だよ」と。その少年は何日間も悩みました。その様子を見た両親が、どうしたのかと息子に問うと「欲しい自転車があるけど、それを盗むか値切るか、どちらにしようか迷っている」という返事でした。

日本人は宗教に対して節操がないと言われます。宗教を理由に差別や迫害を受けることは、昔は多少あったけれども、現在は聞いたことがありません。ですから日本人にすれば、宗教はそんなに大事ではないのです。ところがヨーロッパでは昔、大虐殺や戦争がありました。今でもそれが続いています。ですから、自分は何教に生まれるかがとても大事であり、改宗などはとんでもないことです。しかし最近では、カトリック系のフランス人で、仏教に興味を持ったり、あるいは改宗したりする人が多く見られます。回教徒やユダヤ人と結婚する若いフランス人も、私の周りに何人かおりました。ですが回教徒とユダヤ教のカップルは聞いたことも会ったこともありません。

思えば、エステ家の末裔との出会いは、その30年前にありました。初めてパリに行き、モンパルナス界隈に住んでいた20代前半の頃です。近くにあるレストラン東京という焼き肉店でアルバイトをしていました。経営者が韓国人夫妻で、とてもかわいがってくれました。ご主人のリさんは、フランスに移住する前、日本でフランス映画の輸入の仕事をしていたそうです。日本で50～60年代の白黒のフランス名作映画を観られたのは、このリさんのおかげです。

そのリさんの長男Aさんにある日「イタリー貴族の末裔だよ」と、R・デ・エステという男性を紹介されました。彼は勝手に私に恋をしたらしくて、たびたびレストランにデートの誘いの電話がかかってきました。その当時、スマートフォンはありません。２～３回に1回は仕方がないので承諾しましたが、それでも1人で行くのは嫌だったので、そのたびにAさんに一緒に行っていただきました。彼は、やっと私が彼に興味がないと理解したらしくて、以後、電話はかかってこなくなりました。

後でわかったのですが、彼はイザベラ・デステと同じエステ家の出身だったのです。まあ、現在は貴族制度がありませんし、非公式ではありますが、もし私が彼の愛を受け入れていたならば、フェラーラ侯爵夫人になっていたかもわかりません。

一度目に船でフランスに行ったとき、私たちはマルセイユから知り合いのいたローマに向かいました。どうしたらよいかわからないぐらいモテました。ローマ・テルミヌス駅近くの安いホテルに泊まり、昼間は散歩、夜は知り合いの日本人男性にエスコートしてもらい、レストランで食事をしたりダンスに行ったりしました。その当時、ディスコなどはありません。ローマでは野外にダンス場があり、そこで踊っていました。

最近観た映画『ローマの休日』に、ジャーナリストと、ヘップバーンが演じた架空の国の王女様が、サンタンジェロに設置されたダンス場に行くシーンがありましたが、その風景が、当時私たちが踊ったダンス場と全く同じでした。次々にイタリー男性にダンスの相手を申し込まれ、私たちは休む暇もありませんでした。

夜遅くまで遊ぶので起床は昼12時近く。身支度をしてすぐ街に出ると、昼寝のためすべての店が夕方まで閉まっていました。パリでも昔はそうだったようですが、私がパリで生活をする時は、もうその習慣はなくなっていました。

ローマの街を散歩するのも、大変勇気を必要としました。車に乗った男性がクラクションを鳴らし、車の窓から上半身を外に出しながら、大きな声で私たちに何か叫ぶのです。後ろを向くと、何人かの男性が後をつけて、どんどん数が増えてくる気配。私たちは怖いので早足でホテルに向かいました。ホテル前の石段を上り、ほっとすると同時に後ろを振り返ると、人数が20人以上にもなっているのです。これが毎日でした。でも、声をかけてきたり、体に触ったりすることはありませんでした。ただ日本人女性が珍しかったのです。

ローマのスペイン広場で男性に囲まれる

ある夜、あまりに暑いので宿の近くにあるエセドラ広場にアイスクリームを食べに行きました。中央には噴水があり、一角に設けられた舞台で7人くらいの楽士が演奏したり、女性の歌手が歌ったりしていました。私たち3人は空いているテーブルを見つけて、サービス係が来るのを待っていました。しばらくすると、フルーツ・アイスクリーム・生クリームがたっぷりの特大パフェをお盆に乗せたサービス係が来て、私たちのテーブルにそれを置き始めたのです。私たちは慌てて「まだ何もオーダーしていない」と言うと、彼は右手で舞台の方を指さして「あの人たちからのプレゼントですよ」と。私たちは「えー！」とびっくり仰天し、彼らに向かってお辞儀をしたり手を振ったりして、何とかお礼を届けました。

指揮者は私たちに向かって日本風のお辞儀をすると、くるっと楽士たちの方に向きを変えて、ある曲を演奏し始めました。『Sayonara』というアメリカ映画の主題歌「Sayonara」です。これも私たちのためでした。「Sayonara Japanese good-bye, Whisper Sayonara」に始まる、あの美しいロマンチックなメロディーでした。その当時は世界中でジリオラ・チンクェッティの『ノンノレタ』、ボビー・ソロの『ほほにかかる涙』、そして『アリベデルチ・ローマ』の歌が流行していた時代です。

どうしてこんなにイタリー人は日本に興味を持つのか。第2次世界大戦の同盟国であったのも関係するかもわかりませんが、それよりも、私個人の考えですと、あのロマンチックな『Sayonara』の映画のせいだと思っています。

その当時はこんなことを言われました。世界で一番幸せな男は、コートダジュールでアメリカ式の家に住み、ドイツ女性を女中にして、日本人の妻を持つことだと。現在、世界における日本人女性の評価はわかりませんので、今日イタリーに行っても、私たちがその当時受けた同じ歓迎を受けられるとは保証しません。

8月の半ば、灼熱のローマを後にして、汽車でパリに向かいました。国境を越えると雲が多くなり、パリが近づくにつれてどんどん寒くなり、袖なしや半袖の服しか持っていなかった私たちは震えていました。Paris Gare de l'Est に着いた時は、冷たい雨がしとしとと降り注いでいました。そして、パリジャンたちの心もこの雨のように冷たかったのです。

第4章　不思議なジェローム君

1970年代から80年代にかけて、本格的なフランス料理や洋菓子の技術を習得しようと、日本人の若者たちがフランス、中でもパリにたくさん来ていました。日本の高級ホテルや東京の有名レストラン、洋菓子店から送られた人と、個人で来た人の2種類の人がいました。その当時、東京には日本側とフランス側を仲介するフランス人がおり、日本側はパリの星付きレストランに契約金として1年間数千万円の大金を払っていたケースもあります。会社からの命令で来た人たちは、交通費をはじめパリでのアパート代、生活費、すべてが会社持ちですから何の心配もありません。しかし、個人で来た人たちは全部自己負担となり、レストラン探しも自分でしなくてはなりません。

数あるフランスのレストランの中で一番のターゲットにされるのが、ミシュランの星付きレストランです。もちろん給料は出ません。自費で来ている人たちには高嶺の花です。ですから、星が付いていなくてもそれに準じた評判の良いレストランを選ぶことになります。チャンスがあれば、星が付いていることもあります。そのクラスの店では、ある程度の給料を出すところもあったようです。

日本から来て1年間地方で修行してきたK子さんが、目的としているパリのレストランの正式な返事待ちをしている間、何カ月間か私のオペラ店で働いておりました。そのレストランはパリの郊外にあり、従業員が30人近くということは、星が付いていると思います。ミシュランで星を得るのにはいろいろ難しい条件がたくさんあるようですが、その一つが従業員25人以上と聞いておりました。

ＯＫが出てそちらの店に移り、６カ月ぐらいたったある日のこと。K子さんから電話があり、会ってほしいと言うので自宅に来ていただきました。その時、まだ若くてほほにいくつかのにきびを付けた痩せっぽちの少年を連れてきました。17歳のジェローム君です。彼は同じレストランで洗い場を担当しているとのこと。実はこのジェローム君、不思議な能力の持ち主らしく、彼が何かぽつんと言うと、必ず現実に起きてしまう。それもすべてがネガティブなことばかりです。今思い出すだけでも、誰々さんは交通事故に遭う、誰々さんは病気になり仕事を休む、誰々ちゃんは結婚していないのに妊娠するとか。そのため同僚全員が彼を怖がり、誰一人彼に言葉をかける人がいなくなって、完全に孤立してしまったのです。優しいK子さんだけが、何かと相手にしてあげていたそうです。

私はパリ在住中、何人かの占い師と会いました。怖くて嫌だという人もいますが、私は面白がって、友達に誘われるたびに見てもらいました。お金を請求する人としない人がいましたが、彼らいわく、本当に有能な占い師はお金を取らないとも言っていました。日本で一度も経験がないのでどのぐらいの確率で当たるかはわかりません。フランス人占い師の確率は95％以上と見事なものでした。

その中で2人、忘れられない占い師がいます。1人は男性で、一度も会ったことも話したこともないのに、電話で私の家のカーテンがグリーンを基調とした色で統一されていると言いました。確かにそうでした。それから、誰かが四つん這いになって洗剤を含ませた布でカーペットを洗っているのが見えると。前日、お手伝いのポルトガル人のマリアがその仕事をしてくれたばかりでした。

もう1人、忘れられないのが40代半ばの女性です。リヨンに住んでいて、仕事があるときだけパリに来ていました。ある日電話があり、エリゼ宮（大統領官邸）から7月14日のパリ祭に招待されたので、その夜会いましょうと言うのです。その日、招待を受けた人々は大統領と同じ一等席に座り、シャンゼリゼ大通りで繰り広げられる厳粛かつ華麗な軍事パレードを見ることができるのです。そして午後は、宮廷の裏に面する庭でのガーデンパーティーにも参加します。

その女性は、その当時フランス政府の公式な占い師の一人でした。何人かいるとのことです。「へえ、科学が発達したこの20世紀に、国家が占い師を雇っているのか」と、驚きまじりに言うと、「どこの国でも昔から何人かそういう人たちを雇っている」と話していました。

まあ考えてみれば、今から５００年前、フィレンツェのメディチ家からフランス王に嫁いできたカテリーナは、あの有名なノストラダムスを占い師としていつもそばに置いていました。二人はパリに現存する塔の最上階に上り、長い間星座を観察していたという話が残っています。現在の日本政府は知りませんが、徳川家康公がそのたぐいの人物を召し抱えていたという話をどこかで読んだ記憶があります。

ある仏教の宗祖様によると、たぐいまれな能力を備え持って生まれてくる人がいるのは認めるが、あまり近寄ってはいけないと。それに頼ってしまうと、本来の自分の人生が送れなくなるからだそうです。

K子さんがどうしてジェローム君を私に紹介したかったかの理由ですが、独りぼっちになってしまったジェローム君、誰から見ても普通の17歳の少年ではありませんでした。彼の相手になって話を聞いてくれる人はいないかと考えて、私に白羽の矢が立ったのです。私はすぐ承諾しました。以来、休みの日には一人で会いにくるようになりました。

第一印象は、17歳とは思えない静かな子でした。必要以上に相手の目をじっと見つめて、ゆっくりと考えながら話をするタイプでした。そして、彼が話題にするのは、精神的なことや哲学的なこと、あるいは宗教、そして人間の内面的なことばかりでした。同年代の若者たちが普通に興味を持つ、流行歌、スポーツ、ファッション、女の子、映画などの話題は、一度も口にしたことがありませんでした。このような子どもはどんな家庭環境の中で育ったのだろうとしばしば思いましたが、その質問は控えました。何となくしてはいけないと感じたからです。私はただ、彼の話に相づちを打ちながら聞くだけでした。

ある日のこと、そんな話をしていなかったにもかかわらず、彼は突然「マダムサトウ、あなたは自分の前世について知りたくありませんか？」と言い出しました。私自身、前世について考えることもあったので、すぐお願いしました。フランスの占い師たちは、普通はタロット、手相、生年月日などで占いをしますが、ジェローム君の場合は何も使いません。会話をしている最中に突然何かが見えるか、頭に浮かんでくるらしいのです。私は彼にプライベートなことは聞きませんでしたが、彼も同様に、私にそんな質問は一度もしませんでした。彼が私について知っていることは、姓はサトウ、日本人でレストラン経営者ということだけです。

彼によると、私の前世は日本の宮廷に仕えた尼僧で、１０３歳で亡くなっていると。その時、私は何となくそうであったのかもしれないと自然に思ったのが、今でも不思議です。機会があったら、そんな尼僧がいたかどうかを調べてみたいものです。

そしてまた別の日、今度は突然「来世を知りたくないか」と言い出しました。この種の話が大好きな私は、即座に「ウイ、お願いします」と答えました。彼によると、私はまず人間として生まれてくることと、両親と職業を選んで生まれてこられる、まれな人間だと言いました。その時、彼の来世は魚だと言っていました。ジェローム君はカトリックです。カトリック教の教えでは輪廻はありませんが、彼自身はあると言います。両親については、同じであってほしいと思うようになってから久しいですが、職業については私が望むものではありませんでした。可能ならば、今世よりももっと簡単にどんどんお金が入ってくるような仕事に就きたいと思いますが、彼の答えは全く違った別なものでした。彼によると、私は思慮深い人（これはジェローム君が言ったことで、全くそうではありません）なので、生涯平穏無事に暮らせる教員を選ぶのだそうです。残念！　私はまた日本人女性として生まれ、海外に行き、いろんな経験をし、いろんな人との出会いを楽しみたいのに、教員ではそんなことは無理でしょう。

ついでに、もう亡くなっていた父が生まれ変わっているかを聞いたところ、東京のある仏教の寺に生まれているという。どの寺か、今その子は幾つくらいかの問いには、わからないという答えでした。私は若い時から、ベッドに入って眠りに落ちる前に、自己反省的な堅苦しいものではなく、その日に起きたこととか、どんな人と出会ってどんな話をしたかなどが自然と頭に浮かぶのが習慣になっていました。その夜、はっと気がついたのは、私の父親の家系は僧侶が多く、彼自身もそうでしたし、そして母は宇都宮師範学校を卒業して、生涯教員として働いたことです。あのジェローム君、もう60歳近くになっているはず。料理人になるのは諦め、今ごろは有能で良心的な占い師になっていることでしょう。最近、ジェローム君が勤めていたレストランを友達にスマートフォンで検索していただいたところ、現在も営業しているようでした。

第5章　3000フラン分のキャビアを60フランで食べた話

70年代から80年代にかけて、フランス観光省から出されるガイド通訳の免許を取得し、パリで約10年間、ガイドをしていました。日本経済が著しい上昇期にあり、どこで何をやっても儲かる時代。お金をたくさん持った大勢の日本人がパリに押し寄せてきました。私たちの仕事は、そんな観光客をバスに乗せてパリ市内を案内したり、ルーブル美術館、ノートルダム大聖堂、ヴェルサイユ宮殿、ロワール川のお城などを説明したり、簡単な通訳などをしたりすることでした。休みなく働かされました。その代わり、お金もたくさん入りました。

当時、パリ市内1日ツアーを受け持つと、日本の観光会社の命令で、ショッピングのため必ず2軒の免税店にバスで立ち寄ることになっていました。ある日、私が受け持ったパリ1日観光に、東京の新宿でキャバレーを経営している双子の友達、やっちゃんとじゅんちゃんがたまたま入っていました。若いころ、有線放送で『オー・シャンゼリゼ』などを歌っていた2人です。商売柄、着るものも華やかで、性格も外交的。とても目立つ存在でした。バスの中でも、特に男性客の人気を集めていました。

その日、バスを停めた1軒目の免税店の若社長Pが彼女たちに目を付け、今夜2人を食事に誘ってよいかと聞くので、彼女たちの了解を得た上で、どうぞ、喜んでと答えました。私はその時点で疲れていたので断りました。それでは、その当時の私のボーイフレンドCを誘ってよいかと聞くので、それも快く承諾しました。

しかし家に帰り、シャワーを浴び、簡単な食事を済ませ、やっとテレビの前でほっとした矢先、Pから電話があり「どうしても来てほしい。2人はフランス語も英語もできない。日本語でいろいろしゃべりまくるけど、何も通じないし、到底対処できない」と言う。私はとても疲れているし、夕食も済んでしまったので行きたくないと断りましたが、それでもお願いだからと懇願されたので、まあ免税店とガイドはある意味では持ちつ持たれつの間柄なので、重い腰を上げてタクシーでメリディアンホテルのキャフェショップに向かいました。

オーダーせずに待っていてくれました。メニューを渡されました。みんなが食べているのに、それを見ているだけでは手持ち無沙汰と思った私は、何か少しぐらいはとオードブルの欄を見ると、キャビア60フランが目に入りました。ああ、これだと思い、Pに「60フランのキャビアがあるけど注文してよいか」と聞くと、よいとの返事。この値段だったら、さしずめ雀の涙よりちょっとましなぐらいだろうと思っていました。その他の人は、ステーキやら何やら好きなものをにぎやかに選んでいました。注文を取りにウエイトレスが来ました。Ｐはまず「キャビアはいくらか？」と質問しました。免税店のオーナーはほぼユダヤ人です。彼らはお金にとっても厳しいのです。ウエイトレスは「60フランです」と答えました。

注文が終わりしばらくすると、まず私のキャビアが、白い布のナプキンに包まれた温かい食パンと共に運ばれてきました。それを見た私、Ｃ、Ｐの３人は「え？」とお互いに顔を見合わせました。彼はすぐＣに「君はいくらと聞いた？」と言い、私に「ミチコ、君は？」と尋ねました。２人とも60フランと答えました。「そうだよな、確かに60フランだよな」と安心した様子でした。何が問題かというと、キャビアの量でした。深みのある大皿に富士山型に盛られた氷の上に、世界トップメーカーのキャビアの缶詰がそのまま乗っていたのです。私たち３人はシャンゼリゼ近くのメゾン・ド・キャビアに食べに行っているので、だいたいの値段と量は知っていました。

私は考えました。派手な演出を狙って、わざとメーカーの缶詰を使い、底に１粒ずつ隙間なく並べられたのだろうと思い、それを確かめるためにナイフで上からぐさっと刺しました。すると、ナイフの先が2センチ以上入りました。他の料理も来たので食べ始めました。しかし、どんな高級な珍味でも、満腹の時にはおいしいと思わないし、飽きてしまいます。私は親鳥がひなに餌を与えるように、ちぎったパンにたっぷりキャビアを乗せて皆に配り始めました。

その矢先「ミチコ、後ろを見ろ」とPが言う。フランスのレストランは、壁に沿って必ずデザートや飲み物を用意するためのカウンターがあります。そのカウンターの奥がキャッシャーになっているのが普通です。彼に言われるままに後ろを振り向くと、何と従業員15人以上がキャッシャーの周りに集まり、じーっと私たちを見つめていました。中から出てきた白い制服のコックさんまでも。私たちも全員、彼らに目を向けました。

すると、私たちの注文を取ったウエイトレスが、ツカツカと私たちのテーブルに近づいてきました。そして彼女は言いました。「今回の件は私たちの間違いで起きたことなので、今夜は正式な値段は請求しません。ただし、今後ご来店の際は同じ値段で同じ量を食べられるとは思わないでください」と。すべてを理解した私たち3人は異口同音に「もちろんです」と答えました。

私たちも、どうしてこんなことが起きたのかと不思議に思ったので質問しました。彼女の説明によると、今までキャフェレストランでキャビアを注文した人はいなかった。高級食材は、上階にあるメインダイニングの冷蔵庫に保管されている。キャフェで特別な注文があった場合、電話をすると食品用のエレベーターで送ってくれることになっていたそうです。しかしキャビアの価値を知らなかったキャフェのチーフは、1缶の中身をそのまま全部出してしまったのです。

それでは60フランでいただける量はどのぐらいかと聞くと、キャフェエスプレッソに付いてくる、一番小さいスプーンの2杯分だったそうで、それでは私たちが食べた量をスプーン2杯ずつ60フランで売ったらいくらになるか聞くと、約３０００フランということでした。そのコックさんは上司から大目玉を食らっただろうし、キャビアはキャフェレストランのメニューからすぐ消えたことでしょう。ちなみに３０００フランは、70年代当時のフランスで、いかなる人がいかなる職業に就こうとも、国が保障した最低のお給料1カ月分の金額です。

第6章　フランスの学校教育

毎年冬になると、私のレストランの近くにある小さなホテルに、日本人のK氏が住むようになりました。彼はある国立大学の教授で、専門は世界各国の学校教育についての研究でした。毎年冬の2カ月間、K氏はパリ大学文学部の依頼を受けて講義に来ていたのです。

私もパリで子どもを育てた時は、日本とフランスの教育方針の違いにとまどい、苦労しました。国から送られてくる外交官、大企業の駐在員などは、授業料の高い日本人学校、インターナショナルスクール、エコールアクティブビラング（2カ国語学校）などにすぐ入学させることができますが、そうでない一般の日本人がフランスに来て一番苦労するのが、住居探しと子どもの学校選びです。理想としては、住んでいる地区の学校に入れるのがよいのですが、日本人ママたちに聞くと、簡単にはいかない、何だかんだ理由をつけてなかなか受け入れてもらえないとこぼしていました。

私の場合、娘は自宅に近いエコールアクティブビラングに入れたので、問題はありませんでした。幼稚園から高校まであり、幼稚園から英語を学び、自然と身に付くようにできていました。

ある年、小学校中学年の娘に不得意な科目があり、テストの結果もよくなかったので、担任の女性の先生に家庭教師を紹介してほしいと頼みました。すると約束の日に来たのが、なんと担任の先生自身でした。そして毎回その日の授業料を手にして帰っていくのです。びっくりしました。日本では、こんなことはあり得ないのではないでしょうか。その話を子持ちのフランス婦人に話しました。でも、それが普通だと言う。

同じことを近所に住む子持ちママに話すと、彼女の息子は高校生で、他の科目は何の問題もないのですが、数学が全く苦手で、テストも4点か5点を取ってくるという（フランスは１００点満点ではなく20点満点です）。そこで彼女は息子の担任であり、数学の先生でもあるその女性を、家庭教師として雇いました。それ以来、息子は常にテストで20点満点を取っていました。授業料も「ええ？　こんなに？」と思うほど高かったのを思い出します。

この母親が学校の教員を家庭教師に採用したのは、女友達に勧められたからだそうです。その女性は、相当その方面に詳しいらしく、いろいろと知らなかったことを教えてくれたのです。例えば教員は、数学はどういうふうに説明すれば、よりたやすく生徒の頭に入るかのコツを知っています。しかし先生によっては授業中にはそれを教えてくれません。特別に好きな生徒とか、あるいは家庭教師として雇ってくれる場合などには、わかりやすく教えてくれるのだと。政府もそんなことがまかり通っていると知っていながら、目をつぶっているということです。

その理由は、その当時の教員の給料がとても安かったからだと言います。しかし政府としては、それ以上上げられなかったことと、もう一つの理由はフランスと日本の違いでもありますが、フランスはいつ勉強するのかしらと首をかしげるくらい、休校が多いのです。グランバカンスと言われる7・8月の2カ月間のバカンス。プラス、クリスマス休み、お盆休み、スキー休みなど、1カ月半ごとに何かの休みがあります。休校ということは、先生たちもお休みになるわけですから、給料が安いのは論理的ではないかとも思います。

これだけ休校が多いということは、フランスの子どもたちは、短時間のうちに1年分を頭に入れなくてはなりません。従って、ついていけなくなる子どもも出てきます。しかしフランスの先生は、日本の先生のようにそんな子どもの心配はしません。努力しない本人がいけないのです。やる気のある子だけが残ります。それに比べて日本の子どもたちは、休みが少ない代わりに、その分ゆっくりとした環境の中で教育されるようです。

こんなことを愚痴がましくK氏にぶつけると、彼は各国の事情や習慣によって各国ごとに教育方針が違うが、ベトナムにおいては善きにつけあしきにつけ、まったく今でもフランス式だと言う。植民地時代の名残がまだ続いているのでしょう。

日本人のママが子どもを現地の学校に通わせて失敗することが、一つあります。日本の学校では、予習・復習が推奨されますが、フランスでは復習はいいけれど予習は絶対にさせてはいけません。教科書に書いてあることを先生より先に知ってはいけないのです。予習をした子どもがきつく叱られた話は、何度も日本人ママから聞きました。たまたま性格が悪かったり、個人の感情をあらわにする先生に当たったりすると、ずっとその生徒はよい目で見られなくなります。

私の娘もそんな経験をしました。彼女は中学校まで、各国の要人やパリのお金持ちたちの子どもが通う、家の近くのエコールアクティブビラングという学校に入りました。後にパリ17区に隣接するヌイイ市に引っ越したと同時に、近くの市立の高校に入りました。初日、各生徒の経歴を見た男性教授は、娘に向かって「ふん。おまえはビラング校から来たのか」と言われ、以後ずっと差別され、それ以来全く向学心を失ってしまいました。生徒たちが勉強に対して意欲を持つか持たないかは、どんな教師に当たるかが大いに関係すると思います。

しかしフランスには、日本にはない、とてもよいと思われるシステムがあります。高校卒業時に受けるバカロレア（大学入学資格試験）です。まずフランス人は、日本人のように学校教育のための無駄なお金と時間は費やしません。日本の場合、男子であれば、特に目指す目的がなくても、多くの人が肩書のために大学に行くような気がします。女性も、結婚相手に大学出を希望するようです。

フランスは、小・中学校まで義務教育ですが、大半の子どもは高校まで進みます。中学校後半から高校在学中に、親は子どもにどんな職業に就いてほしいか、子ども本人も将来どんな仕事をしたいか、あるいは自分の性格に合うか、そして自分の能力があるかなどを検討した上で、バカロレアを受けるか否かを決めます。この試験に受かった人たちはバシュリエと呼ばれ、大学には無試験で入学ができるのです。大学でなくても、国家免許を要する職種に就く場合は、バカロレアが必要になります。

パリで暮らしていると、多くのフランス人と接触します。お店に来るお客様、あるいは単なるお友達として。しかし、初めて会った人でも、５分、10分の会話をしただけでバカロレアを持っているか否かはわかります。それほどバカロレアの存在は大きいものです。ある意味では、これがフランス社会を二分しているような気がします。

日本人がパリ大学と呼ぶ大学のほかに、名校と言われるエコール・ポリテクニーク、エコール・ノーマル、ＨＥＣなどが存在します。将来の大統領、政治家、大企業の社長、役員、実業家などの多くは、これらの大学の出身です。あのゴーン氏も、それから２０２３年にイーロン・マスク氏を抜いて世界一の金持ちになったフランス人の実業家、ＬＶＭＨの社長ベルナール・アルノー氏も、このエコール・ポリテクニークの出身のはずです。

７月14日のパリ祭には、陸海空軍あるいは外人部隊など、いくつかのグループが行進します。その中で一番パリジャンの拍手が多いのが、消防隊員です。そして、このエコール・ポリテクニークの学生も行進し、人の目を引きます。ユニフォームが派手でかっこよく、帽子も独特で、長い脚に真っ赤なパンタロンをはき、腰には長いサーベルを着けます。全体的にとてもすてきで、全員がハンサムに見えるのです。

しかし、このユニフォームというのは食わせものです。私がパリでフランス語の勉強をしていた頃、同じクラスに当時のチェコスロバキア出身のかわいい女の子がいました。この女性の婚約者がエコール・ポリテクニークの出身でした。彼に会ったことがありますが、これといった魅力もなく、風采も普通で、道ですれ違っても振り向きたくなるような人ではなかったのですが、ユニフォームを着け、帽子をかぶり、剣をぶら下げ、白い手袋をしてサッと立つと何ともハンサムで、女性たちが憧れるすてきな青年に変身してしまうのです。

同じようなことは、日本のお相撲さんにも言えると思います。現役時代、大銀杏を結い、紋付き袴を着けた力士たちは、少々ご面相が悪くても風格があり立派で、とてもすてきです。現に、お相撲さんのお嫁さんたちは、みんな美人ぞろいです。しかし、引退と同時に髷を落とし、紋付き袴を脱ぐと、なんとホルモン鍋を食べすぎた、単なる普通のおっさんになってしまう。残念！　ユニフォームはマジックです。

第7章　シナトラの『Ｍｙ　Ｗａｙ』世界大ヒットの裏話

店の近くで音楽事務所を経営している若い男性が、時々お寿司を買いに来ていました。この人物の名前はクロード・フランソワ・ジュニア。この名前を聞けば、フランス人だったら老若男女問わず誰でも、忘れられない歌手を思い出します。クロード・フランソワです。日本だったら美空ひばりのごとく、エディット・ピアフと並んで、フランスでは伝説的な人物です。クロード・フランソワ・ジュニアは彼の長男で、仕事は父親が遺した曲の著作権の管理です。クロード・フランソワは70年代後半、人気絶頂のさなかに若くして電気事故で突然亡くなってしまいました。フランス全土が唖然とし、悲しみは何カ月も続きました。お墓には銅像も立ちました。

実は、シナトラが世界的にヒットさせた『Ｍｙ　Ｗａｙ』を作曲したのが、ほかならぬ、このフランス人のクロード・フランソワなのです。原曲は『Comme d'Habitude（いつものように）』です。彼がこの曲を作った時、何人かの有名歌手に提供しようとしました。その当時活躍していた歌手としては、日本でも知られているアズナヴール、エンリコ・マシアス、サルバトーレ・アダムなどがおりましたが、誰一人として承諾しませんでした。

それでは、どうして自分自身で歌わなかったのか。それは、自分が歌って人気を博している曲風とは全く違うスタイルだったからです。彼のスタイルは、4～5人のセクシーなクロデットと言われる女性たちをバックに、楽しい曲を軽快に踊りながら歌うものでした。しかし、この『Comme d'Habitude』は、その当時付き合っていた女性歌手との破局を歌った悲しい曲です。みんなから断られたクロード・フランソワ氏は、自分で歌って発売しました。フランスではヒットしましたが、世界的ヒットには至りませんでした。それをシナトラに歌わせ、世界的大ヒットに導いたのが、あの『ダイアナ』を歌ったカナダ人のポール・アンカです。

自宅の近くに、ポルトマイヨというところがありました。そこにはコンコルドラファイエットホテル、メリディアンホテルなどの高級ホテルと、パリでは一番多い座席数を誇る劇場があります。その当時の一流歌手は、みんなここでライブをしました。シナトラもここで歌ったことがあります。

ある日、この劇場でポール・アンカのリサイタルがありました。懐かしいので、娘と行くことにしました。日本でもおなじみのポール・モーリアの若マネージャーに切符を買ったことを告げると、「彼、相当な年だよ。1時間舞台を務められたらまあいい方だよ」と言っていましたが、何のその。見た目も思ったより若く、3時間近く歌ってくれました。もちろん自分の曲、ヒット曲以外にも、たくさんのカバー曲も。曲と曲の間には、それらの曲に対しての思い出やエピソードなども話してくれました。もちろん『Ｍｙ　Ｗａｙ』はライブには欠かせない曲。この歌を歌う時に、我々観客にこんな話をしてくれました。

その当時、ポール・アンカは南フランスでバカンスを過ごしていました。ある日偶然に、ラジオから流れるクロード・フランソワの『Comme d'Habitude』を聞きました。ポール・アンカはカナダ人ですが、英語圏で生まれているのでフランス語は全く理解しません。ただ、あの美しいメロディーに心奪われたのです。彼の頭には、すぐにあるアイデアが浮かびました。彼はすぐ街に行き、プレイヤーとその曲のレコードを買ってホテルに戻り、あるダイヤルを回しました。そして「フランク、この曲を聞け」と電話越しに曲を聞かせたのです。その当時のことは私もよく覚えていますが、シナトラはこれといったヒット曲もなく、その上アメリカマフィアとの関係も取りざたされ、映画までできてしまいました。人生で一番、どん底の時代だったと思います。

シナトラの同意を得たポール・アンカは、次の日にアメリカに戻り、発売の準備にかかりました。作詞は彼自身、ポール・アンカがして『Ｍｙ　Ｗａｙ』として世に出したのです。この曲のおかげで、シナトラは長いスランプから抜け出し、以前の世界のシナトラに戻れたのです。

息子のクロード・フランソワ・ジュニアは、父親が亡くなって20年以上経っても、一番お金になるのは、まだこの『Ｍｙ　Ｗａｙ』の著作権だと言っていました。もしカラオケのオリジナルバージョンでこの曲を歌う機会がありましたら、よく見てください。作曲クロード・フランソワ、作詞ポール・アンカになっているはずです。

第8章　あの世を垣間見ました

あまり小さかったので、何歳だったか覚えていません。2歳か3歳だったかも。多くの人は、その年齢であったことは覚えていないと言いますが、私はいくつかありますし、私の知り合いのフランス人でも、覚えている人がいました。まだ自分の足で歩けなかった頃、母親が押す乳母車でたびたびルクセンブルク公園に連れて行かれ、あおむけに寝かされた状態で見た空の青さと木々の緑を覚えていると言っていました。

私は1943年6月生まれですが、母に抱かれて大きなカヤノキの下に掘られた防空壕に入ったのをはっきり覚えています。中の地面は泥でした。そして母親の胸元の着物の模様までも覚えています。戦争が終わり、その夏か秋に、家族全員で大きなたるに入ったたくさんの里芋を洗っていた時、1機の飛行機が飛んでいるのを見て「B29、B29」と叫んで皆を笑わせたことも。たぶんあの世に一時的に行ったのはその頃だと思います。

予防注射か、あるいは風邪のために高熱を出し、仮死状態になったのかもしれません。私は暗い円筒の中におりました。怖いという感情はありませんでした。そして上を見上げると、小さな光がぽつんと見えました。私は両腕の肘を使い、その光を目がけて円筒の側面をすいすいと登っていきました。一番上に着くと両肘を円筒の縁に置き、体を固定させました。そこで赤やピンク、オレンジ、黄色など、さまざまな色の花が上下にぷかぷかと揺れながら、見渡す限り一面に浮かんでいる光景を見ました。

一度も見たことのない花で、葉はなく細い茎だけでした。その花と同時に忘れられないのが、その時に聞こえた音楽です。何にも例えようがない、子どもが聞いても大変気持ちのよいものでした。どんな楽器で奏でられていたかはわかりません。ピアノでもバイオリンでも、フルートでも琴でもない。どんなメロディーかと聞かれても、とてもとても説明が不可能です。極楽特有の音楽なのかもわかりません。

その約10年後、父の仕事の関係で静岡県駿東郡原町に移り住みました。最初の年、庭に自生した花を見て、あっと思いました。あの時に見た花はガーベラだったのです。生まれ故郷の福島県白河では一度も見たことがなかった花でした。この時はあまりにも幼かったので、人に話すことはありませんでした。また同じ場所に行きたくて、床に入るたびに布団をかぶり、両目を必要以上に固くつぶり、自分を暗闇の中に置くように試みましたが、それは二度と起こりませんでした。

その後、物心がつき高校時代になると多くの若者同様に、どうして生まれてきたのだろうか、人生って何だろう、死後はどうなるんだろうなどと自問するようになりました。特に気にかかっていたのが、小さい頃に経験したあのことでした。その疑問は60年代まで続きました。あんな経験をしたのは私だけなのか、あるいは他にもいるのだろうかと。

そんな頃、娘が「ママ、時代遅れにならないようにね」と言いながら、誕生日にAppleのＰＣをプレゼントしてくれました。それを見た時、やっと携帯電話の操作ができるようになったばかりなのに、こんな難しそうなもの、私の頭では絶対できないだろう。誰がこんなものを発明したのかと、発明者を恨みもしました。娘には一応お礼を言い、店のカウンターの端に何カ月も放っておきました。

ところが店に来る若い男性たちが、ＰＣに興味を示しました。「これは誰のもの？　マダム、いいのを持っていますね。これ、僕に売ってくれない？」などと何人もの人に言われました。そこで私は考えました。もしかしたら、これは大変な代物かもしれないと。やってみようと決めました。友達や仲の良いお客様に助けられながら、私自身も努力しました。そのおかげで音楽を聞くことから始めて、やがてＥメールまで打てるようになりました。それ以前は、弁護士・会計士・銀行・税務署など、いちいち自分から赴いていかなければなりませんでしたが、全部Eメールで処理できるようになった時、発明者には感謝の念さえ湧きました。しかし残念なことに、日本に帰ってからは勝手が違ってできなくなってしまいました。今では20世紀の2大発明は、月面に人間を送り歩かせた事実と、このコンピューターの発明だと思っています。

そうして私は、何十年もの間、心の片隅に残っていた疑問…死後の世界あるいはそれらしい世界に行ったことがある人が、私の他にもいるかどうかをPCで確認してみました。結構いました。特に日本人。多くの投稿者がおりました。それからアメリカ人にも。これらの経験者の話を読み、総括して言えるのは、多くの人は川にたどり着いたことです。川の向こう側にいる人から、川を渡ってこっちにおいでと誘われたけれど、後ろから「その川を渡ってはいけない。戻りなさい」という声が聞こえたので、昏睡状態から目を覚ました、あるいは生き返ったということ。もう一つの例は、私と同じように暗闇の中にいて、光に向かって前進した後に生き返ったこと。興味深かったのは、恐怖、悲しみ、肉体的苦痛を感じた人が誰もいなかったことです。あの世には、血の海も針の山もないことに安心しました。

私の友達に、生まれつき自閉症を患っている息子を持つフランス人夫婦がいます。初めて会った頃は７～８歳くらいでしゃべることもできませんでしたが、２年後くらいに、やっと「ミチコ、こんにちは」が言えるような状態でした。この子がある年の暮れ、食べ物を喉に詰まらせてしまいました。親は何とか吐かせようと試みましたができませんでした。息子の目はみるみる白く変わり、体がピーンと張って、やがて動かなくなり、息もしなくなってしまいました。夫婦は死んでしまったと思われる息子を揺すり、名前を叫びながら号泣しました。しかし何十分後か忘れましたが、子どもが突然息を吹き返したのです。もちろん両親はこれ以上ないほど喜びました。

両親はすぐ質問しました。どうして戻ってきたのか。息子は「パパとママがすごく泣いているのを見たから」と答えたという。自閉症の子どもたちは、みんな頭がすごくよいと言われます。この子の場合、会話は難しいけれど、何か一つ教えるとすぐ理解し、忘れないし、書くことも得意でした。

この子の話によると、あの世ではいろんな人に会えたらしい。この世では会ったことのない人にも。彼はこんなことも言ったそうです。いとこの何々ちゃんはひいおじいちゃんの生まれ変わりで、親戚の何々ちゃんはおばあちゃんの生まれ変わりだと。しかし両親によると、この二人は息子が生まれるずっと前に他界しているので、一度も会ったことがないと言っていました。

あの世は決して恐ろしくないことと、人間はまた生まれ変わることを知った今、二つほど心配ごとがあります。一つは、現在でもテクノロジーがどんどん進歩してＡＩなども発明され、今でもついていけないのに、自分が生まれ変わった時はもっともっと難しく複雑になっているでしょう。私はそんな世の中に生きられるだろうかと。もう一つは、現在、世界の状況が混沌としている中で、自分が生まれ変わった頃は、日本はある国に侵略され、征服され、私たちは元日本人として差別され、虐げられながら生きなくてはならない世の中になっているのではないかということです。

実はもう一つ残念なことがあります。あの世に行った経験者の中で、誰一人としてものを食べたという人はおりませんでした。でも、私はあの世でも食べたいものがあります。脂がジュウジュウとなっている揚げたてを、塩とコショウでいただくトンカツです。

トンカツといえば、日本に帰ってきてから交通違反で警察のお世話になりました。結果として何のおとがめも受けませんでしたが、捕まった時、事情聴取のため警察に出頭するように言われました。「丸一日かかると思ってください」と言われた時、あることが私の脳裏をかすめました。あ、カツ丼が食べられると。それを確かめるために、警察官に「それではカツ丼がいただけるのですね?」と聞くと、若い警察官は厳しい顔つきで「それはドラマです。時間をあげますから、好きなところで、自分のお金で食べてきてください」と叱られてしまいました。

パリから時々姉に電話をして、あの世に行ったことがあるとか、ジェローム君に言われたこととか、この自閉症の子どものことを話すと、姉は「そう、そう」と真剣に聞いてくれたと思っていたのですが、今回帰ってみると、家族の間では、「ミチコはパリ在住が長すぎて、とうとう頭がおかしくなった」という噂になっていました。

友達のフランス人がこんな話をしてくれました。ある男が天に召されました。極楽と地獄の分かれ道に門番が立っていて、どちらに行きたいかと聞かれました。男はまだどちらにも行ったことがないので、まず極楽とやらを見せてくださいと頼みました。門番に案内された極楽と言われるところは、美しい色とりどりの花を付けた木々が茂り、小鳥たちがさえずり、さらさらと心地よい音を立てたせせらぎが流れていました。岸辺の木にもたれかかった女性が、幸せそうに本を読んでいました。その女性を見た瞬間、この男は間を置かず門番に告げました。「地獄に行かせてください」と。

第9章　フランス料理のこと

世界三大料理といえば、フランス料理、中華料理、日本料理が挙げられますが、どれが一番好きかは人それぞれでしょう。ひと口にフランス料理といっても、宮廷料理を基礎にもつパリを中心とした北フランス料理と、南フランス料理に二分されると思います。昔フランスは、ロワール川辺りを境にして北半分のラングドイユと南半分のラングドッグに区別されていました。北と南では使う言葉、習慣、メンタリティーなどが違い、料理も北フランスはバターを使い、南フランスはオリーブオイルを使います。

パリ在住中、何度も一般的なフランス人の家庭に招待されましたが、さすが、これがフランス料理と思った料理には、残念ながら一度も出合いませんでした。特にパリジャンたちの食事は、日本の平均的な家庭よりもずっと質素です。それでは世界一、二といわれる料理を味わうにはどこで食したら良いのか。はっきり言って値の張るレストランです。特にミシュランの星付きレストランでしたら、失望することはありません。さすが世界一と感心させられます。

しかし日本ではたとえ１００円、２００円のコンビニの物、あるいは１０００円、２０００円の安い定食でも丁寧に、そして小綺麗に調理されており、美味しい。フランスでは安くて美味しいものはないのです。しかし60年代、70年代のパリジャンたちは、まだ今よりもっと美味しい料理を食べていたと記憶しています。ブッフブルギニヨン（牛肉の赤ワイン煮込み）、ブランケットドゥボー（仔牛のクリーム煮）、エスカロープアラクレーム（薄切り肉のクリームソース）、キャナーアロランジ（鴨肉のオレンジソース）など、美味しい料理を昔みたいに手軽な値段で提供するレストランがなくなりました。70年代になると日本の懐石料理からヒントを得て、ジョエル・ロブション氏がヌーベルキュイジーヌを生み出しました。すると伝統的なコクのある料理に替わり、ロブション氏の料理を真似たものが出回るようになりましたが、とてもいただけるようなものではありませんでした。今回沼津に帰り、何度かフレンチと称するレストランに行きましたが、それと同じような料理が出てきてがっかりしました。

その点、同じフランス人でも、地方の人たちの方が味もしっかりした美味しいものを食べています。私が雇っていたタイ人の女の子が、ある日こんなことを口にしました。「フランス料理云々とよく言うけど、私たち東洋人の方がフランス人よりももっと美味しいものを毎日食べているわ」と。ある意味では私も同感です。

日本人は欧米人が持っていない特別な舌の感覚を持っていると言われていますが、私にすれば少しも不思議ではないのです。これは幼少期からの食事の習慣から来る結果だと思います。フランス人が子どもに与える食事ですが、日本と比べるととてもシンプルです。食材にしても限られています。定番は味も素っ気もない鶏肉と、牛のひき肉しか入っていないハンバーグ。味付けは塩だけ。付け合わせといえばジャガイモかパスタ、野菜をあまり食べたがりません。それに比べて日本の子どもたちは、最初からほぼ大人と同じものを与えられます。食べにくい野菜にしてもカレーなどにどっさり入れて味を隠して食べさせてしまいます。フランス人なら、こんなもの子どもには食べさせないと思うような食材でも、味付けを工夫し喜んで食べるようなものにして食べさせます。このような幼少期からの食生活が、欧米人にはない嗜好を我々日本人にもたらした理由でしょう。それからどんな食材にも合う日本のお醤油の存在も大きいと思います。あのヴェルサイユ城を作ったフランスの太陽王ルイ14世は、オムレツに日本からはるばる運ばれてきた醤油を2、3滴垂らして食していたと、古文書に記されているそうです。

フランス人の食生活を語る上で、忘れてはならないのがデザートです。たとえ料理自体は大したことがなかったとしても、最後にチーズと甘い甘いデザートを口にすれば全体が満足な食事になるのです。もし子どもがいたずらをすれば罰はデザート抜きの食事になります。子どもにとっては一大事で、泣く子もいます。

ある本によると、各国の砂糖の摂取量はその国のＧＤＰと相関関係があり、ＧＤＰが高ければ高いほど反比例して少なくなると書いてありました。日本でも戦後、甘さイコールおいしさと、甘味が珍重された時代がありましたが、経済成長と共に甘味離れをしました。もちろん私たち日本人もお菓子が大好きです。しかしフランスのお菓子と比べるとだいぶ甘さ控えめの味です。ですがフランス人にとっては、お菓子は甘―くなくてはいけないのです。

フランスはＧ７にも入っている世界経済大国の一つにも関わらず、どうしていまだ砂糖離れをしていないのか。それは彼らの料理法に関係しているのではないかと思います。日本料理の場合は隠し味と言って、甘くする目的ではなく食材そのもののうまみを引き立てるために少量の砂糖を加えます。ですから普通に食事をしていながら身体に必要な糖分を補えているのです。フランス料理には普通砂糖は使いません。そのため最後には甘いプロフィッテロール（シューアイスにチョコレートソースをかけたもの）、タルトタタン（甘い焼きりんご)、ガトーショコラなどが欲しくなるのです。

私個人としては、世界三大料理に、四番目としてイタリー料理を加えます。食材が豊富ですし、料理を口にした時、即座においしさを感じられます。日本人にはフランス料理よりイタリー料理の方が相性が良いのではないかと思います。

また、イタリー料理はフランス料理のルーツでもあります。料理ばかりではありません。建築、絵画、オペラ、バレエ、ファッション、ｅｔｃ．ｅｔｃ．と、多くのフランス文化のルーツはイタリーなのです。それはまさしく、昔の中国文化と日本文化の関係と同じです。遠い昔、フランス人はイタリー文化を、日本人は中国文化を手本にし、さらに研究・改良して高度で洗練された独特の文化を完成させ、フランス文化・日本文化として世界に知らしめたのです。


ルネサンス期のヨーロッパでは、王家同士の結婚になると、花嫁は自分の国からガードマン、秘書、侍女、そして料理人も従えて嫁ぎました。１５００年代、フランス王アンリ2世に嫁いだフィレンツェの名家メディチ家のカトリーナもそうしました。その時彼女は、フランス人が今まで見たこともなかったある物を持って行きました。フォークと皿です。イタリーでそれが使われる以前は、イタリー人もフランス人も手で食べていたのです。カトリーナはフランスで最初にフォークで食事をした人と言われています。彼女のフォークは、ある小さな博物館で現在でも見ることができます。

それ以来、宮廷ではフォークで食事することが流行しました。理由はその当時のファッションが関係しています。中世あるいはルネッサンス時代の貴族の肖像画を見ると、みんなアコーディオンのようなひだが付いた白い物を首に巻いています。襟です。しかし、この襟を着けて手で食事をすると、どうしても襟を食べ物で汚してしまいます。フォークを使うと遠くから食べ物を口に入れることができ、襟を汚さずに済んだのです。

私たち日本人は、横文字はアメリカから入ってくるので英語と思いがちですが、その多くの語源はフランス語です。ある言語学者によると、現在使われている英語の70％がフランス語だそうです。歴史から言ってもそれは妥当かと思います。例えば私たちが日常的によく使う「レストラン」。これもまさしくフランス語です。日本語に強いて訳せば「食堂」でしょうが、フランス語の名詞「Restauration」、動詞「Restaurer」を由来とする言葉で、本来の意味は「修復・修復する」です。例えば古くなった家屋や壊れた家具などを直す時にこの単語を使います。

それではどうして修復が食堂になったのかですが、昔からそれらしい物はありました。一種の病院のような施設です。身体の弱っている人、疲れた人々に滋養のある食べ物やスープ、または薬草などを与えて心身を修復させるための施設だったのです。

パリに行ったことのある方は思い出してください。コンコルド広場から凱旋門までの約3㎞に渡る真っすぐな並木通りが、あなたが欲しい物は何でも揃うとうたわれたシャンゼリーゼ（極楽浄土）大通りです。そのちょうど真ん中辺りに噴水と花壇が置かれたロンポワン（場所）があります。そこを境にして凱旋門寄りはキャフェ、レストラン、ブティック、有名なキャバレー「リド」などが並ぶ商業地区。そしてコンコルド広場寄りの半分は緑の多い公園風の地区になります。

コンコルド広場から見て、右手はフランス大統領官邸、日本・アメリカ・イギリス大使館などの庭園になりますが、その表口と言えば世界中のお金持ちたちが買い物に来るフォーブーグ＝サントノーレ通りです。ちなみにフォーブーグは郊外という意味です。その当時はセーヌ川の中州にあたるシテ島がパリの中心地で、この通りもコンコルド広場もシャンゼリーゼ通りもパリではありませんでした。

そしてコンコルド広場から左側をよく見ると、木々に囲まれた1軒のレストランがあります。「ルドワイアン」、ミシュラン2つ星です。ここが18世紀のルイ16世、王妃マリー・アントワネット時代に、修復のための施設だったのです。何日間もかけて馬車、馬、あるいは徒歩でパリに向かった旅人たちはパリに入る前にまずここに立ち寄り、疲れた心身を修復させ、良好な健康状態でパリに入ったのです。

2010年代、ルドワイアンのシェフは女性でした。彼女はフランスで初めてミシュランの2つ星を獲得し、話題になった人です。その時は男性シェフたちの風当たりが強く、いろいろと嫌な思いをさせられたと、本人が言っておりました。

第10章　海外旅行は、絶対船で！

日本では、世界初の超特急「新幹線」が走り、オリンピックが開催された翌年、友達Yさんとフランス郵船カンボジア号で、横浜からマルセイユに向かいました。もちろん飛行機も考えましたが、当時は現在のようにチャーター機もローコスト航空会社もなかった時代で、航空運賃は大変高価なものでした。そして1ドルが360円の時代です。安いお金でできるだけ多くの国を見る目的もあったので、躊躇なく私たちは郵船を選びました。それも3等キャビン。女性は4人、男性は6人部屋です。1等、2等と比べるとベッドは簡素で、食事やおやつもまずかったのですが、我々世界各国の若者たちは、そんなこと全然気にしていませんでした。プールがある甲板で1日中、国籍関係なくどんちゃん騒ぎ。夜は映画を観たりゲームをしたり、時々パーティーなどもあり楽しいことばかりでした。横浜を出発すると香港、サイゴン（ホーチミン市）、バンコック、シンガポール、コロンボ、ボンベイ（ムンバイ）、カラチなどに寄港しながらスエズ運河を通り、ポートサイドを経て地中海に入りマルセイユに向かったのです。1カ月の航海でした。

その後日本に帰り、二度目にフランスに行った時も、楽しかった1回目の船旅が忘れられなくて、また同じ船を利用しました。しかしその当時、イスラエルとエジプト間に政治紛争があり、ポートサイドが閉鎖されてアフリカ回りになりました。船旅は1カ月プラス2週間を要しました。寄港地もジブチ、モンバッサ、ダーバン、アビジャン、ダカールなどになり、ジブラルタル海峡から地中海に入りました。45～46日間の長旅にもかかわらず、一日として退屈した日はありませんでした。もし、この航路がまだあるのならば、明日にでもこれでフランスに行きたいくらいです。

海しか見ていなかった私たちが、そろそろ陸地が恋しくなり、おいしいものが食べたくなる頃には、船は具合よくいずれかの国の港に錨を下ろ

郵船の甲板で。インドで買ったサリーを着用

します。乗客、船員などの食糧の確保、燃料補給、エンジンの点検、あるいは塩でさびた船舶のペンキ塗りのためです。誰かが叫ぶ「陸地が見えてきたぞ！」の声を聞くと同時に、みんなキャビンを出て、甲板の手すりに腕をのせ、遠くモヤに包まれボンヤリとした陸をじっと見つめます。船が進むにつれて山々も町もだんだん鮮明になり、錨が下されたと同時にキャビンに戻り、急いで身支度をして何人かのグループを組み街に繰り出し、一日中観光です。安い買い物、食事、現地の方との交流などをして、夕食時には船に戻ります。ダイニングルームがサロンにもなっていたので、みんなで集まり、どんな一日を過ごしたかをお互いに披露したものです。

東南アジアの国々に行くと、それぞれの国によって、身体全体で感じる大気、匂い、景色、言葉、つけている衣類、町のざわめきなどが全く違います。求めていた異国情緒を最大限に満足させてくれました。当時の日本は既にだいぶ西洋化されていたため、ヨーロッパの国々に行っても、異国情緒は感じませんでした。本当のエキゾティスムを求めるならば、断然東南アジアの国々でしょう。そしてどの国の人もみんな良い人たちばかりでした。私たち日本人はどこでも歓迎され、親切にしてもらいました。

ある夕方、サイゴン（ホーチミン市）の町を5人グループで歩いていた時、突然にわか雨に遭いました。ある事務所の前でしばらく雨宿りをしていると、中から社長さんらしい男性が出てきて、「あなたたちは日本人か?」と聞くので、「そうです」と答えると、今夜夕食をご馳走してくれると言いました。彼は早速事務所を閉め、部下3人と共に私たちをレストランに連れて行ってくれました。案内されたところは、それは広くて、すべてが大変清潔で感心しました。ベトナム人はとてもきれい好きな国民だと知ったのは、パリに行ってからです。自宅の近くにテイクアウトの店を営んでいたベトナム人のおじさんがいました。ある日、彼は私に「アパートを借りないか」と聞きました。アパートを借りるつもりはなかったのですが、そのアパートがどこにあるのかと聞くと、パリ13区の中華街だと言うので、「だったら大勢いる中国人に貸せば、入居者はすぐに見つかるでしょう」と言うと、「彼らには絶対貸さない、もし一度、彼らに貸したら二度と他の人には貸すことができないくらいに汚してしまう、だから、きれい好きな日本人を探している」と。最後に彼はこんなことも言いました。ベトナム人の物乞いは中国人の王様より清潔だよ、と。

船中でのまずい食事に満足していなかった私たち5人は、次々に運ばれてくる見たこともない料理を何かとも聞かずに、美味しくいただきました。ベトナム料理の特長としては、まず唐辛子と野菜が多いこと。どこでも見る野菜にプラスして香りが強い薬草のようなものが多く、あのドクダミまで生で食べていました。ベトナムでもフランスでも、ベトナム人で太った人を見たことがなかったのは、野菜の摂取量のおかげかもしれません。特に町を歩く女性たちはキュッとくびれたウエストをもち、スラッとした体に鮮やかなアオザイを身につけ、日傘をさしてそぞろ歩く姿は品もあり美しく絵のようでした。サイゴン自体も緑が多い美しい町でした。食事の最後に社長さんが、どの料理が一番美味しかったかと聞きました。私たち5人は「一番始めの！」と答えると、ニヤニヤしながら「あの肉はカエルだよ」と。私たちが「エッ?」と声をあげて言うのを見て、ベトナム人たちは笑って喜んでいる様子でした。わざと仕組んだのでしょう。その当時の我々日本人は、まだカエルもカタツムリも食べていませんでした。ヨーロッパでもフランスだけです。植民地時代にベトナムで知ったのでしょう。フランスとイギリスは仲が悪い。私に言わせれば、700年前に二国間で起きたあの百年戦争がいまだに続いている感があります。イギリス人はフランス人を、陰で「フロッグ」と呼び、フランス人も負けていません。彼らはイギリス人を、味も素っ気もない「ローズビーフ」と呼びます。

カエルの味はというと、唐揚げ風に調理されており、とてもおいしかったです。カエルの肉自体は白く、特にこれと言った味はなく、柔らかい鶏のささみのようなものです。フランス人はカエルもカタツムリもたくさんのニンニクとパセリを入れてバターで調理します。病みつきになるほどおいしいです。

しかしその当時、サイゴン以外の東南アジアの町は、まだ貧しさが目立ち清潔さにも欠けておりました。戦後の日本もこうであったろうと想像しました。2回の船旅で20世紀にこんな町があるのかと、衝撃を受けた所が二つあります。一つはボンベイ（ムンバイ）です。最近では人口が中国を抜き、そして経済力も著しく上昇しているインド。10年後には人口ばかりでなくGDPも世界2位になるのではないかと思います。理由は、インド人は頭も良く中国人やユダヤ人よりも正直で商売にも長けていると思うからです。しかし、その当時のボンベイはまだまだ貧しかったのです。

私はある夜、日本人男性1人、ドイツ人男性2人と共に町に出ました。港湾地区と大通りを抜けて町に足を踏み入れた途端、4人とも唖然としました。無数のやせこけた牛がゆうゆうと歩いたり、寝そべったりしていて、おしっこもうんちもし放題。そして人々はそれをなんとも思っていない様子です。道路一面はおしっこで湿っており、暑さも手伝って町中に漂う臭いはなんとも表現しがたいものでした。やせこけた女性たちは汚れたヨレヨレのサリーを身につけ、男性は汚れたパンツに、黒ずんでしまっているインド特有のオレンジ色の布一枚だけ。これが自分の持っているたった一つの財産らしく、夜になると布をかぶってそのまま道路で寝てしまうのです。街灯がなかったので、私たちはその人たちを踏まないように手で口と鼻を塞ぎながら進まなければなりませんでした。後ろから、「これは地上の地獄だ」との呟きが聞こえました。そのまま死んでいく人もいたのでしょう。

そんな状況下に現れて活躍したのが、東欧出身でノーベル平和賞を受賞したマザーテレサでした。彼女は同僚何人かと担架を持って町に出向き、死期がせまっている気の毒な人を教会が運営している施設に連れて行って、ベッドの上であの世に送ったのです。この功績が認められ、ローマ・カトリック本山バチカンにより、死後聖者の列に加えられました。以後彼女はセントテレサになりました。何十年か前のまだマザーの頃、フランスのテレビでこんなことを言っていました。「死期間際の男性が運ばれてきました。質素なベッドに寝かされた彼は息を引き取る時、『自分は生涯野良犬のように生きてきたが、今このようにベッドの上で王様のように死んでいく』と」。考えさせられる言葉です。同じ人間として生まれ、鉄むき出しのベッドでも王様のようだと思う人間と、生涯天蓋付きの金ピカのベッドで休み、そこで死を迎える人間との差はどこから来ているのか。友達とこんな類いのことが話題になると、だいたい「運命よ」で会話は終わってしまうのが常でした。

それでは個人の運命はどのようにして決まるのでしょうか。これだけは今後どんなに科学が発達しようが、解明はできないと思われます。テレビで見る最近のボンベイはあの時代とはすっかり変わり、聖なる牛たちは郊外で大事に飼育され、町並みも清潔で美しくなっていました。インド人に対して私が共感する点は、絶対に生きものを殺さないことです。

こんな思いまでしてどうして私たちが町に出たか。それはどうしても本場のカレーを食べてみたかったという私のわがままが原因でした。インドまで来てそれを味わわないことには、日本に帰った時のお土産話が一つ減ることになります。

私たちはかなり長い時間、レストランを探し回りました。しかし、ドアとウインドウから中の様子を見ただけで、入るのを躊躇《ちゅうちょ》するような店ばかりでした。やっと一軒、ダイナースクラブのステッカーが貼られた店を見つけました。東京などで見るダイナースクラブが推薦するレストランとはだいぶ差があると思いましたが、これ以上探しても無駄だと思い入りました。入店と同時にオーナーらしき男性が台所から出てきました。背も高く立派な50代半ばの紳士でした。ターバンを巻き、身に着けている洋服もイギリス製ではないかと思われる立派なもので、唇の上にはピンとしたひげをたくわえてマハラジャのように見えます。小さくて古くさいこの店には全く合わない人物でした。そしてこのオーナーは、オーダーを取る時も支払いをする時も、ヒソヒソと誰かに気を配っているような話し方をし、ドルには異常な興味を示していました。後で、この紳士は全く別な仕事をしており、このカレー店は隠れ蓑だったのかもしれないと思いました。私たち日本人2人はカレーを注文しましたが、恐る恐る食べたせいか、おいしかったのかまずかったのか全然覚えていません。ドイツ人の2人はコカコーラだけ。潔癖症のドイツ人は何度も何度もコカコーラの飲み口をナプキンで拭きながら飲んでいました。この2人を含め計6人のドイツ人たちはあるドイツの会社の社員で、日本と韓国を含めた東南アジアの国々6カ国に置かれた支店の視察、指導を命じられ、何カ月間かに渡った視察が終わり帰国する途中でした。彼ら曰く、今回の出張で現地のレストランで食事をしたのは東京だけだったそうです。

2回の船旅で一生忘れられない経験をしたのが、このボンベイと、もう1カ所は南アフリカ共和国のダーバンでした。ダーバンに着く前日、甲板で日光浴をしていた私に、パーサーが「あまり肌を焼かない方がいいよ」と言いました。その頃は色白の肌よりこんがりと焼けた小麦色の肌が好まれていたのに、どうしてそんなことを言うのかなとは思いましたが、特に気に留めておりませんでした。しかし、これが後に起きるいくつかの「どうして?」の疑問の最初でした。

その当時アメリカでは、マルチン・ルター・キング牧師が暗殺され、やっと大学入学が許された黒人が初めて登校する時に大勢の白人たちがそれを阻止するなど、黒人に対しての偏見、差別が激しく、日本のメディアもたびたびそれを取り上げていました。20代前半で、大学に行かなかった教養のない私は、人権問題はアメリカだけで起きていることだと思っていました。ダーバンに着くまでは。

ダーバン以前の各寄港地では、必ずフランス人の船員かパーサーたちが私を町に連れ出してくれました。そのためダーバンに着いた頃には、外人グループや日本人グループで「一緒に出よう」と私を誘ってくれる人は誰もいなくなってしまいました。そればかりではなく、なんとダーバンでは、フランス人からも置き去りにされてしまったのです。カラになった船で私は一人ぼっちでした。甲板に行き手すりに寄りかかりながら、白人の命令を受けたたくさんの現地人が、大きな荷物を肩に乗せて船から出したり入れたりしているのを見ていました。その光景は、白い卵をくわえて行列をなして移動するクロアリを連想させました。私は、とても一人で町に出られる雰囲気ではないと思い、一日中船の中で過ごそうと思っていた矢先、ドイツ人6人組の一人、お人好しのCが後ろから「ミチコ、運転手付きのリムジンを雇ったから、良かったら一緒に連れていくよ」と言いながら近づいて来ました。もちろん考える必要はありません。行動を共にすることにしました。

ガイドを兼ねた白人の運転手はまず私たちを町の中心街に連れていきました。町全体が近代的な建物で整然として美しい町でした。そこでデパートに案内されました。陽射しが強かったのでサングラスを買おうと思い、若い白人の売り子に声をかけると、すごい目で睨みつけられました。どうしたのかしら、礼儀正しくプリーズと話しかけたのにと思いながらも、彼女の目のすごさに圧倒され、そのまま売り場を離れました。次に案内されたのは日本庭園でしたが、熱帯植物で作られたそれは、日本の庭園とはほど遠いものでした。

次に案内されたのは、中心街から遠い郊外にある黒人地区でした。ここに来るまでは港以外で一人もアフリカ人は見かけませんでした。白人系のガイドにすれば、もしかするとこの地区がいちばんの見せ物だったかもわかりません。私たちにしても、ここが一生忘れることができない場所になりました。地区の入り口に到着すると、背の高いやせたアフリカ人がさっとガイドに寄り添いました。彼はこの地区の長老か首領なのでしょう。長い棒を持ち、首には貝殻のようなもので作った首飾りをかけ、腰には厚手の布を巻き、両足のくるぶしにはコカコーラなどの瓶のふたに穴を開け、それに紐を通した物を何重にも巻きつけていました。彼が歩くたびにそれがシャランシャランと心地よい音を出すのです。ここで見るものは何もなく、簡単な板とトタンで作ったみすぼらしい住居だけでした。人影も全く見られません。早くこの地区を抜けたいと思いながら、みんなの後を歩いていました。地区を去る時、白人ガイドが案内人の手に、何かこっそり手渡すのを見ました。この地区を見せてくれた礼金なのでしょう。遠くから来た外国人観光客に、わざわざこんなところを見せる白人も白人ですが、わずかなお金のために同じ人種のネガティブな面を見せ物にするアフリカ人にも憤りを感じました。フランス人の友達が地球上で一番古い商売は売春だと言っていました。古来より現在に至るまで、どんな状況でも必ずそれをビジネスチャンスと捉えて、お金儲けをする人が出てくるものです。

その後、ガイドは昼食のため、ダーバンでいちばん高級だというホテルに車をつけました。ヨーロッパ風の白い石で作られた壮麗で瀟洒な建物です。車の外に出ようとした私たちをガイドが制し、席があるか聞いてくるから車の中で待つように言い残して、入口の方に走って行きました。どうして車の外に出てはいけないのか。2、3分してガイドが戻り、席があるという返事。このダーバンの上陸に際しては、どうしてかしらと考えさせられたことがいくつかありました。すべての疑問が解けたのは、船に戻ってからでした。

私たちはホテルの1階にある、広くて豪華な絨毯が敷き詰められたダイニングルームに案内されました。そのダイニングルームは大理石の石段を5、6段下った低いところに位置し、そこでは60代以上と思われる身なりの良いエレガントなお爺ちゃまとお婆ちゃまたちが食事をしていました。少なくとも100人くらい。ドイツ人たちも見たことのない光景だったようで、私たちは横一列に並び、驚嘆の目で上から見つめていました。すると、食事をしていた紳士淑女全員が突然食事をやめ、私たちに目を向けたのです。何秒か続きました。そしてその後、何か仲間同士で話し合っている様子でした。どうしたのかしら、ドイツ人が珍しい訳ではないだろうし、もしかしたら私のことかも。日本人を見たことがなかったのかも。あるいはここはあなたたちのような若者が食事に来るところではないという批判の目だったのかも。少なくとも好意的な眼差しではありませんでした。すぐにホール責任者が来て席に案内され、食事は無事にすみました。その食事ですが、普通の西洋料理の形式ではなく、酢漬けされたピンポンボールぐらいの玉ねぎと、かなりキツイ匂いのチーズとパンだけでした。すべての人が同じものを食べていました。このレストランの名物なのでしょう。それがとてもおいしく、いつかヨーロッパのどこかの国でまた食べるチャンスがあるだろうと期待しましたが、二度と出合うことはありませんでした。

午後、ガイドに送られて船に帰りました。私たちは真っ先に、サロン兼ダイニングに向かいました。すでにほとんどの人が帰っており、そしていつも以上に興奮気味な会話が弾んでおりました。アフリカ大陸に入る前に、インド、セイロン系その他の有色人種は下船したので、残ったのはほぼ日本人と白人たちだけでした。日本人たちは、全員一度は街に入ったが、駅、郵便局、銀行、公衆トイレ、すべての公共施設がホワイト用と有色人種用と分かれているのを見て、カラードである自分たちが行くところではないと、すぐ船に帰り昼食は船でしたそうです。しかしそれでも、勇敢に町に出てホワイト用のレストランで食事をしてきた男性も何組かおりました。その人たちの話によると、入り口で国籍を聞かれ、日本人だというとすぐ入れてくれた所、パスポートをチェックした上で入れてくれた所があったという。それからもう一つの3人のグループは、2人は良いけど、1人は入ってはいけないと言われた。「自分も日本人なのにどうして入ってはいけないのか」と問うと、それではパスポートを見せなさいと言われ、無事に食事ができたとのこと。この男性は甲板ではいつも裸で過ごしていたため、日焼けして真っ黒だったのです。

マンデラ氏が30年近くの長い刑期を終え、刑務所から出た後で大統領になり、人種問題は改善されたようですが、その当時の南アフリカは白人至上主義が徹底された、世界でも類のない人種差別国でした。船の中にその事情に詳しい白人がいて、いろいろと私たちに説明してくれました。彼の話によると、全世界の有色人国家の中でたった一カ国、日本国民だけが南アフリカ国において白人として扱われると。その理由は、60年代の日本の目まぐるしい経済発展のためだと。お互いに輸出入業も始まり、日本国と日本人をないがしろにできなかったとの説明でした。ここでちょっと考えたことがあります。現在日本国籍を持った黒人が多いようです。テレビでも活躍しています。とてもシンパティク（好感が持てる）と思います。しかし、もしこの人たちがその当時、日本のパスポートを持って南アフリカ共和国に行った場合、どんな待遇を受けるのだろうか、と。

一人ぼっちの私を連れ出してくれたあのドイツ人たちは、そんな事情を知った上で、もしくは知らずして私を招待してくれたのか、聞くのを忘れました。一日中感じていた疑問が解けました。フランス人が肌を焼くなといったこと、そしてダーバンでは私を連れ出してくれなかったこと。彼らは有色人種の私のせいで不愉快な思いをするのが嫌だったのです。特に多くのフランス人男性は義勇心がありません。あのデパートの売り子の不遜な態度も納得しました。「貴女はここで買い物をする権利がない」と言いたかったのです。そしてあの白人ガイド。レストランのリザーブをしていなかったはずはない。ただ船に客を迎えに来た時、まさか有色人種が一人入っているとは想定していなかったのでしょう。席があるかを確かめに行ったのではなく、日本人を受け入れるかどうかを聞きに行ったのです。だから車の外に出るなと言ったのです。それからあの老人たちの２００のひとみは、私一人に注がれたのです。

パリに親しい黒人の友達がいました。大学出でインテリ派に属する人です。お互いにいろんなことに率直な意見を言える仲でした。彼女は今でも時々思い出す二つのことを私に言いました。一つは、自分がこの世に黒人として生まれたことがまず悪かった。もう一つは、白人は私たちに介入すべきではなかった、です。アフリカ大陸に手をつけず、ありのままにしておくべきだった。そうすればすべてのアフリカ人は今より幸せな人生を送れたハズだと。これに関して、その当時の私が何を言ったか覚えていませんが、覚えているのは、高等教育を受け白人と結婚して、事業にも成功している彼女が、黒人として生まれたのがいけなかったと言うのを聞いた時、人生どんなに成功しようともハダの色が最も大事なのかと思ったことです。しかし、彼女が言った「アフリカ人には手をつけて欲しくなかった」には、少し異論があります。どちらにしろ、もう元のアフリカには戻れない。差別を受けながらも、白人がもたらす文化的で便利な社会で生きるのがよいのか、または、いろいろ不便ではあるが、差別、侮辱などがない緑豊かな国で自給自足の生活をするのがよいのか、人それぞれだと思います。

昔、よくシナトラやディーン・マーチンと歌っていたサミー・デイビスJr．という世界的に知られた歌手がいました。彼はテレビで堂々とこんなことを言いました。「自分はまず黒人だ。そしてカタワものであり、その上ユダヤ人だ」と。しかし彼は決して不幸な人生を送ったとは思われません。人間は、自分に与えられた条件の中で幸福を見つけていきます。彼はそのことを知っていたと思います。自分が不幸と思った時は、その下にいる人たちを見れば幸福を感じることもできるでしょう。しかし下ばかり見ていたのでは、成長が止まってしまいます。時々自分の上を行く人を見て頑張ることも大事でしょう。幸福は自分で作っていくもの。人から与えられた幸福は儚いものです。

それにアフリカ人でなくても、一度外の世界を見てしまった時点において、善きにつけあしきにつけ予想していた人生とは違ってくると思います。もしかしたら井戸の中の蛙たちの方が平穏な一生を送っているかもしれません。この世に異なる人種、異なる民族、異なる宗教が存在する限り、人種差別においての解決法はないでしょう。それにプラスして、私たち人間にはほかの動物にはない「欲」「自尊心」「虚栄心」などが備わっています。これらが大いに邪魔をしていると思われます。しかし決定的な解決法がなくとも、それを軽減する方法はあると思います。家庭教育です。私は娘とそれを経験しました。

日本では「三つ子の魂百まで」と言って、年を取っても幼いころの性格は変わらないということわざがあります。子どもは小さい時から親を見て、聞いて育ちます。娘が2歳と2カ月になった時、初めて公園にある砂場で遊ばせました。そこで遊んでいた娘は突然プラスチックのシャベルとバケツを放り出し、砂場の周りのベンチに座っていた私に駆け寄り、「ママン、ママン、あの子は汚い」と叫びながら指を差しました。そちらを見ると、まだ歩行もできない黒人の赤ちゃんが座って遊んでいました。その日はたまたま私の周りに誰もいなかったので恥をかかずに済みましたが、いつか一緒にメトロに乗った時に同じようなことが起こったらどうしよう、メトロに乗れなくなってしまう。何とかしなくては。しかし2歳の子にどのように説明したらいいのか。そしてまたそれを理解してくれるだろうかと思いながらも、肌の色が異なる人々がいること、みんな同じなのだというようなことを話しました。それを聞いた娘はすぐ砂場に戻り、遊びに夢中になりました。また、この黒人の赤ちゃんがとても可愛い子でした。まるまると太り大きなまんまるの目をして、昔、日本で流行した「ダッコちゃん」にそっくりなのです。公園でこの子を見るたびに母親にお願いして、抱っこをさせてもらいました。その度に娘は駆け寄って来て、

「ママン、ママン、あなたは私のママンよ」と確かめるのでした。

その2、3年後、娘をエコールアクティブビラングの幼稚園に入れました。すると娘は毎日幼稚園から帰ると私に「カンヌがどうした、カンヌがああした」と一番仲良しらしい子どものことばかり話すようになりました。私自身忙しかったので、娘のすべての世話はお手伝いのマリアに任せていました。マリアに「カンヌってどんな子?」と聞くと、アフリカ人の男の子でいい子だと言う。それを聞いた時、彼女がまだ2歳の時、理解はしないだろうと思いながらも説明をしたのが正解だったと思い安堵しました。そしてまた驚くことがわかりました。カンヌの父と私はそれ以前から友達だったのです。お互いの子どもが同じ幼稚園に通っていて大の仲良しとは知らず、もちろん子どもたちも親同士が友達とは知りませんでした。彼はその当時パリとスイスで弁護士をしていましたが、後にカンヌをスイスの寄宿舎学校に入れ、自分は税金が高すぎるフランスを去って妻と共に自国に帰り、故郷や国のためにダムや図書館などを作り、大統領補佐官にもなり、その国の国民ならば、名前を聞けば誰でも知る重要人物になりました。

20世紀の今日でも世界の至る所で紛争が絶えず、人種偏見のない世界は考えられません。しかし、軽減する方法はいくつかあると思います。

第11章　70年代、80年代のパリは日本人でいっぱいでした

1960年代の半ばに初めてパリに行き、ヨーロッパの国々や都市を見てまわった結果、パリに住んでみたいと思いました。パリジャンたちはともかくとして、まず街の美しさに感激したのです。住むのには差し当たって何をしなければならないか。そう、まずフランス語を話せなければなりません。特にパリではフランス語ができなければ誰も相手にしてくれなかったし、何もできなかったのです。いったん日本に帰り、渋る両親を説得し、1年間だけという約束でパリに戻ってアリアンス・フランセーズという語学学校に入りました。こんなに真剣に勉強に精を出したのは人生で初めてでした。何を勉強しようが、あるいはどんな仕事をしようが、大事なのはモチベーションだと気がつきました。学校での授業以外に、家では毎日3時間から4時間復習をし、その日に習ったことは全部頭に入れて次の日の授業に備えました。

私にとっては、フランス語習得は死活問題でした。理由はすでにその時、フランスで生きていくことを決めていたからです。そのためには仕事を見つけ、自立しなくてはならな

い。日本人の自分にどんな仕事があるか、またはできるか模索しました。60年代の終わり頃で、その頃から欧米人に混じり、日本人観光客が目立つようになってきました。すでに2、3人の日本人がガイドとして働いていました。その当時はまだガイド免許制度がなく、日本語ができる人が日本人観光客を、英語ができる人がイギリス人・アメリカ人観光客をガイドする時代でした。しかし日増しに増えてくる外国人観光客を見て、フランス政府もこのままにしてはおけない、フランスの歴史・文化について十分な知識を持った上で正しいフランスを外国人に紹介して欲しいと、その年初めてフランス観光省が高等技術養成の枠内に、ガイド養成所を設立しました。

私はまだ語学の勉強中だったので第1期生にはなれませんでした。両親との約束が1年間だけだったので日本に帰りましたが、2期生として入学するためには、どこに何日までに入学願書を提出しなければならないかを調べて帰りました。この学校は都心から遠く、夜間で冬の期間のみ通い、修了まで3年間を要しました。日本人のために作ったのではなく、フランス人ガイド養成所として作られたものです。3年後の筆記試験と面接、実地試験に合格して、フランス政府公認のライセンスを手にしました。ちなみに私のカードは28番でした。ガイドをやめて二十数年後ぐらいに、試験に受かったばかりの若いガイドに会ったので、番号を聞きましたら、２８００番台でした。もちろん、これはフランス人も含まれている数字です。

本格的にガイド業が始まりました。日本人旅行者はどんどん増え、主要な日本の旅行会社もパリに支店を構えておりました。私たちガイドは芸者と同じで、各会社に名前と電話番号を伝え自宅で予約を受けるのですが、一度電話に出ると2、３カ月先の予定表が埋まるほど、各旅行社はガイド獲得に苦労していました。ガイドの役目は何か？　観光バスに同乗して移動しながら見えてくる物の説明と、ルーブル美術館、ノートルダム大聖堂、ヴェルサイユ城の中の説明、あるいはロワール川沿いのお城の案内などです。パリのガイドには、日本のガイドのようにテキストというものはありません。どんな説明をするか、何に重きを置くかは全く自由です。ですから１００人のガイドがいれば、１００の違った説明がある訳です。当然クレームがつくこともあります。あのガイドは名所旧跡に対しての知識が足りない、買い物をさせるのに一生懸命だった、あるいは、法外なチップを請求した、などです。

その当時のお客様はほとんど海外に行くのが初めてで英語もできなかったので、私たちは本来のガイド業にプラスしてお世話が大変でした。体調の悪い人を病院に連れて行ったり、紛失物を警察に届けに行ったりとか。よくあったのが、大金目当ての悪徳写真家と似顔絵屋などの対処。そのほかで最も苦労したのが、ロマ民族の子どものすり防止でした。私たちガイドはバスがホテルを出発すると、その日一日の予定と注意事項を説明します。特にすりに関しては、彼らの手口などを交えながら懇切丁寧に説明しているのにも関わらず、頻繁ではないけれど、たまにこの子どもたちに財布を盗られてしまう人が出てきます。客が集まる所には必ず5、6人はいました。お客様たちも、相手が子どもなので警戒しません。フランスの法律では18歳以下の子どもは咎められません。たとえ現行犯で捕らえられ警察所に連れて行かれても、夕方には釈放されると言います。親たちはそれを知っているので、18歳以上の子どもにはさせません。10歳前後ぐらいの子どもが一番多かったのを覚えています。両親はというと、男性は何もせず、女性は占いなどをします。そして高級車に乗り、昔の幌馬車に変わり豪華なキャンピングカーでヨーロッパ中を移動するようになりました。

ある夜、閉店の支度をしていた時、帽子を被った20代前半ぐらいの男性が店の前を通りました。美男子で若い頃のアラン・ドロンそっくりでした。通る時にウインドウ越しに私を見てニコッとしてくれたので、私もそうしました。すると2、3歩通り過ぎたと思ったら、そのまま2、3歩後退りし、手真似で入っても良いかと聞きました。80歳になった今でも、年寄りの男性より若い男性を相手にしている方が好ましい。その上ハンサムだったらなおさら断る理由はありません。私も大袈裟においでおいでと手招きしました。毎年冬になるとロマ民族のサーカスがパリにやって来て、そのたびテレビやラジオで報道されます。その場所が店の近くで、この若者はサーカス家族の一員でおじさんが座長でした。その次の夜、また閉店時間を見計らって座長さんを伴って来ました。彼が書いたという本をプレゼントしてくれて、サーカスにも招待してくれました。このおじさんはパリで結構有名らしく、入店が厳しい高級ナイトクラブなど、どこでも「顔」で入れると言う。観ませんでしたが、彼の人生が映画にもなって、彼自身が主人公を演じたのだそうです。

現在は知りませんが、その当時ヨーロッパではロマ民族のオリジンは東ヨーロッパ、ルーマニアあたりだというのが一般的でした。おじさんの話によるとこれは間違いで、ルーツは現在のインドの一部とのこと。大昔、自分たちの先祖が住んでいたところが侵略され、そして決断を迫られました。そのままその土地に留まりたければ、一生奴隷として働くこと、嫌なら土地を明け渡し去ること。先祖たちは、自由を選びました。それ以来彼らは流浪の民となりヨーロッパ中を幌馬車で旅することになったのです。ロマ民族との接触は難しいと言われる中、このおじさんの書いた本と話により、いろんな知識を得ました。例えば、肉は鶏しか食べない。彼らにとって一番大事なのは血と金。他の人種とは交わらないことなどいろいろな掟がありました。しかし長い歴史の中で、特にヨーロッパの国々を旅していれば違った人種と交わることもあったと思います。例えば若い甥の顔立ちは、完全にヨーロッパ風で肌の色も白かった。しかしおじさんの顔はインド風の顔立ちで肌の色も茶色でした。

ちょっと驚いたのは、ロマ民族は子どもが生まれた時から絶対おもちゃや人形は与えない。幼少の時から身体を使って遊ぶことを習慣づけることです。この方法が、後にサーカスで見せる芸につながるのです。芸が良かったのか、あるいはまだ小さいのにこんなことをさせられている女の子を不憫に思ったのか知りませんが、彼らの芸を見たフランス人のある婦人が、次の日に大きな人形を持ってサーカス小屋を訪れました。婦人が子どもに人形を手渡すと、子どもはすぐ「こんな物、何するのか。いらない！」と言いながら、人形を地面に叩きつけました。その様子を見ていたおじさんは、「幼い頃からしつけてきた家訓をよく守っている」と、この子をとても誇らしく思ったそうです。彼らの宗教は特になく、一時定住したその国の教会や寺院に、日曜日にお参りに行きます。しかし知り合いのフランス人に言わせると、半分は教会に行くが、後の半分はミサのために留守になった家に泥棒に入って金品を盗んでいくとのことでした。

同じ婦人がこんな話をしてくれました。彼女の女友達の娘が突然姿を消しました。娘の友達に聞いても誰もわかりません。それに、その娘らしい死体は見つかっていません。もしかしたらその当時問題になっていた新興宗教に入り、出てこられなくなったのではないか、などいろいろ考えましたが、わかりませんでした。

3年後、その娘らしい女性がロマ民族の家族と移動しているのを見たという情報が入りました。警察にもお願いして、その家族の後をつけ、行ってみると確かにその娘でした。しかし彼女は、ロマの男性との間に子どももできて、とても幸せな生活を送っています。家に戻るつもりはない、ロマ民族として生きていくと決心した娘を、連れ戻すことはできなかったそうです。

それからこのおじさんは、若い頃に起きた動物に関わる事件を話してくれました。彼がまだ若い頃、イタリーのある小さな町でサーカスを構えました。その頃は、猛獣を使った芸も見せていました。ところがある日、5頭の虎が小屋から逃げ出してしまいました。4

頭はすぐつかまえて連れ戻しましたが、あと1頭はどうしても見つかりません。それから何カ月か後に、やっと居場所を見つけました。人里離れた森の近くの一軒家の中庭で、鎖や紐でつながれることもなく、一人暮らしをしている老婆に飼われていたのです。50年代のイタリーの田舎ではテレビも普及していなかったのでしょう。老婆は虎というどう猛な動物の存在は知らなかった。彼女は大きな猫と思って飼っていたといいます。だから怖いとも思わなかったし、危害も加えられなかったけど、ただ一つ困ったのは、目を離すと自分の食料として飼っていたニワトリと卵を全部食べてしまうことだったそうです。

ロマ民族たちはヨーロッパ中を移動して街や村にサーカスを構え、何カ月間か定住する訳ですが、決してその土地の人たちに歓迎されるわけではありません。しかし私は二度、彼らの意外な一面を見ました。ある時、私のお客様ではなかったのですが、コンコルド広場で観光客の女性がロマ民族の女の子にハンドバックの中から財布を盗られました。彼女は「どうしよう、どうしよう、お金もパスポートも入っているのに、日本に帰れなくなってしまう」と叫んでいました。すると、2、3分後、盗んだ女の子が駆け寄ってきて「ホラ、これあんたのパスポートだよ」と言いながら財布を地面におき、逃げ帰りました。パスポートとそれ以外のものはそのままありましたが、現金だけがなくなっていました。

もう一度は、仕事が終わり、帰り道にあるサンロック教会の前を通った時、教会の石段にフランス人の物乞いが空き缶を前に置いて座っていました。その近くで7、8歳ぐらいのロマ民族の男の子と女の子が立って何かを話していました。ふと私は、彼らが空き缶の中の小銭を盗ってしまうのではないかと思い、ちょっと離れて見ていると、なんとポケットからコインではなく何枚かのお札を出して物乞いに渡しているのです。あるところからは盗ってもよい。貧しい人には施す。これが彼らのポリシーなのでしょう。一理あると思います。その紙幣が円だったのかドルだったのか見えませんでしたが、おそらく日本人から盗んだ円かと思われます。

ある年にテレビで、警察に届けられたすり被害の総額は、日本円にして億単位だったのを覚えています。それにすられても、その日一日のツアーがダメになってしまうという理由で警察に届けなかったケースがほとんどです。その大半が円だと思います。その当時の日本人観光客は、みんな無防備でした。トラベラーズチェックがあったのにもかかわらず、持ち歩くのは現金がほとんどです。その現金で私たちガイドは大変恥をかくことがありました。主に免税店です。男性の多くは腹巻の中に現金を入れていたので、支払いの時には人目をはばからず売り子の前でベルトのバックルを外し、ズボンのチャックを下げるのです。その途端、売り子たちは「キャー」と叫びながら逃げてしまいます。農業系のグループに多く見られました。

グループとして思い出に残るのが、もう一団体。文部省が企画したグループで、退職した学校の先生のグループでした。長い間ご苦労様でしたというプレゼントだったのでしょう。普通のグループは25人前後でしたが、このグループに限って50人と多い人数でした。また他のグループと違って添乗員だけでなく医師もついていました。私はその日、フォンテンブロー城のガイドを任され、城の見学が終わった後、フォンテンブローの森に隣接したバルビゾンという小さな村で食事を取りました。この村は、後期印象派といわれる画家たちが住み、絵を描いたところです。例えばあのミレーが『落穂拾い』や『晩鐘』を描いたのがここです。その絵の中の2人の人物の奥に小さなミリーラフォレ村とその教会が描かれていますが、現在でも絵に描かれたものと同じ景色を見ることができます。

ガイドとドライバーは仕事中の昼食時、お客様とは別の席で食事します。客とは違う料理やワインを出してもらえたりします。当時のドライバーは、食事中に1杯のワインが許されていました。そのバルビゾンでの昼食のとき、グループの添乗員と医師がどうしても客と離れた私たちのテーブルで食事をさせて欲しいというので、2人分の食事は私たちのテーブルに運ぶようにと店の人にお願いしました。このお二人はどちらも背が高く顔も整っており、すてきな方達でした。ところが憔悴しきった様子。生気が全然見られません。そして時々上を見てため息をつくのです。お医者さんは、誰に言うともなく「今後グループ付きの仕事は、絶対断る」そして添乗員は「これが最後で日本に帰ったら、すぐ退社する」と言います。一体どうしたのですか？　と聞かざるを得ませんでした。ヨーロッパツアーに参加すると、3、4カ国を訪れるのが普通です。もしその中にフランスが入っていた場合、パリが最後に訪問する都市になります。このグループもそうでした。

彼らの話によると、悩みの種は各国でのお客さまたちの行動でした。町の中、ホテル内、レストラン、ところ構わず大きな声で話し、笑い、他の人たちは存在しないような振る舞いだったと。パリに入る前日はドイツのある都市にいました。夕食はホテル内のレストランで取りましたが、そこでも他の多くのお客様たちが食事をしているのにもかかわらず、その様子は熱海や伊東などで見られる会社の慰安旅行の宴会そのものでした。席を自由に立ちワインボトルを持ってお酌して回るなど、ヨーロッパではあり得ないことばかりしてきたということでした。相手は年齢からいっても常識をわきまえなくてはいけない大人ばかり。そのうえ教員だった訳ですし、その国、その土地の人に邪魔にならない行動をしなさいとか、一度テーブルに着いたら特別な理由がない限り、テーブルを離れてはいけないとか、ワインの瓶を持ってお酌して回るなど言語道断とか、どうして注意をしなかったのか…。

翌朝、朝食のためレストランに行くと、日本人グループのための特別な席が設けられていたといいます。何枚かの分厚い衝立で他のお客様とは切り離されていました。添乗員がため息をつきながら「あのホテルは今後絶対日本人旅行者を受け入れないだろう」と漏らしました。どうして一言も注意できなかったのかの理由ですが、みんな良い人たちばかりで、子どものように天真爛漫な様子を見て、とても注意できなかったとのこと。数十年間に渡り、声を張り上げて騒がしい子どもたちを叱ったり注意したりしながら教育をしてきた義務感から一気に解放され、その反動から自分達も同じことをしたかったのでしょう。しかしこのようなグループは稀で、他のグループは特に問題はありませんでした。公平に見て日本人観光客の評判は良くも悪くもありません。特に免税店、レストラン、観光会社、バス会社、そして税務署も、日本人が落とすお金で大変潤ったと思います。しかしこれに直接関係のないパリジャンにすれば、騒がしい、町が汚れる、物価が上がるなどの理由で、すべての観光客は歓迎されず、親切にされません。そしてその当時パリ市長の命令で、パリの至る所に大きな電動パネルが立ちました。そこに書いてあったのは「パリ市民の皆さん、外国人旅行者に親切にしてあげて下さい」でした。

そんな中、良くも悪くもなかった日本人の評判を一気に上げるようなことが起きました。日本人に代わる新しい東洋からの観光客の襲来です。人数も落とすお金も日本人の比ではありません。免税店だけでは対処できず、二大デパートのギャラリー・ラファイエットとオ・プランタンにも客が押し寄せてきました。パリではデパートは庶民的な店と考えられていましたが、高級ブティックもこのチャンスを逃すまいと、デパートの中に支店を置くようになりました。エルメスとゲラン以外は。

その当時私はすでにガイド業を辞め、日本食レストランを経営していました。周りの人から何度も「日本人だったら誰でも欲しがるガイドの免許を持ちながら、どうしてガイドをやめたのか」と、よく聞かれました。ガイドは毎日お客様が変わり、ホテルも毎回違います。バスガイドの仕事と、ルーブル美術館、ノートルダム大聖堂などの案内は場所も広く問題はなかったのですが、ヴェルサイユ城でのガイドが入るたびに「もう明日はこの仕事はやめよう」と思っていました。特に観光客に人気のあるルイ14世とマリー・アントワネットの寝室は小さく、さらに立ち入り禁止の綱が張りめぐらされて3分の1の狭さでした。そこに多い時は三つ、四つの団体が入り、押すな押すなの大混雑でした。そんな中、各ガイドは自分が担当するお客様のために声を張り上げて説明を始めます。一人のガイドから「お前さんの声が高すぎる」と言われたガイドは「お前の声の方が大きい」と言い返すのです。フランス人ガイドの間では、こんないざこざがよく起きました。私は精神的にも体力的にも限界にきていたので、移動せず同じ場所で仕事ができるレストラン経営者に転職したというわけです。

　ある夜、頻繁に来店する若くて美人のフランス人のMさんが妹を連れてきました。彼女は日本人にも日本料理にも全く興味がない人です。彼女はパリで一番大きなデパートの中にある高級ブランドのお店に勤めておりました。このようなお店の売り子さんはみんな美男美女ばかりです。特にヴァンドーム広場とリュードラペにある、各国歴代の王や王妃の冠などを作る世界一流の宝石店の売り子さんたちは、美しさにプラスして品格も求められ、苗字にde（ドゥ）がついている貴族が多いというのもうなずけます。和食など興味がないMさんの妹がどうして姉に連れられて私に会いにきたかですが、最近日増しに多くなり、話題にしばしば上るようになった某国のお客様に対しての鬱憤《うっぷん》が爆発したというのです。まず、その客たちの騒がしさ、好き勝手な行動、触ってはいけない陳列物も平気で手に取る、まるで自国にいるような振る舞い、そして呆れたことに男性は各売り場に置いてあるゴミ箱におしっこをする。そればかりでなく試着室の中にウンチをした人までいました。支払いの時はカードを投げてよこす、などと、興奮しながら話は続きました。ガイド経験のある私が「上司からオペレーターや引率するガイドに話して、注意してもらうべきよ」と言うと、「とんでもない、ちょっとでも意見がましいことを言えば、契約はすぐ取り消される」と。実は二大デパートの売上の48％は、彼らの購買力によって占められていたのです。最後に彼女は「今は１００ｍ先からでも、その人が某国の人か日本人かわかる」と言い残し、さっさと帰っていきました。デパート内でばかりではなく、いろいろな問題があったようです。この人たちのおかげ（？）で私たち日本人の株は一気に上がりました。日本人は礼儀正しく勤勉で、清潔で規律正しいなどとよく聞かれるようになりました。しかしこのような問題は、それほどではないですが、日本人グループにもありました。そのグループが都会から来たか、田舎から来たかの違いです。

　ある日パリ市から市長シラック氏を囲んでの懇談会の招待状が届きました。パリの中小企業の経営者に送られたのです。参加、不参加は自由でしたが、私は興味があったので出席しました。会場には200人はいたと思います。途中で50歳ぐらいの男性が手を挙げ「実は自分はある日本企業と商売をしているのですが…」と切り出した途端、シラック氏がサッと右手を上げて進行係からマイクを取ると、「日本と日本人に関しては私に言わせて下さい」と、10分間くらい日本の経済力、文化、日本人の性格などについて話しました。今回集まった人たちは、そんな話を聞くために集まったわけではないと気づいた進行係は、シラック氏を止めざるを得ませんでした。その時の氏の話で記憶していることは、パリの随所で見られる、メガネをかけて首からカメラを何台も下げ写真撮影に夢中になっている日本人たちを侮ってはいけません。日本を世界第2位の経済国にしたのは他ならぬこの人たちだと。シラック氏は、日本びいきとして知られていました。大統領選で勝利した時のテレビの第一報は「『日本の友』シラック氏が当選しました」でした。その時点で公式には40回、プラス非公式に5回日本を訪れていたのでした。確かにその当時、パリ市内で使われていた機械類はすべて日本製で、パリで初めて大相撲の公演を実現したのもシラック氏の尽力によるものでした。あの千代の富士が活躍していた時代です。関取たちがパリ滞在中、いろいろ面倒を見ていたというエアフランスのフランス人の女性スタッフが言っていました。ナイトクラブのクレージィホースサルーンにお供した時、千代の富士関はコニャック2瓶を一人で飲んだと。旅行会社から我がレストランにも関取25名の予約が入りました。2階に団体様用の部屋はあったのですが、体重200kg前後のお客様を25人も受け入れて床が崩落するのが怖くて、丁重にお断りしました。

70年代初期から約10年間ガイドをしましたが、いろいろな種類のグループがありました。一つ気がついたのは、視察は別として、中年の日本人観光客のグループは完全に男性と女性が別々で、混じっていなかったことです。他の国のグループは、夫婦らしいカップルが多く、仲良く手をつなぐなどして観光をしているのに、日本人グループには見られませんでした。食事の時に近くのテーブルにいた男性たちにそんな話をすると、そのうちの1人が「パリに妻を連れてくるということは、ビールを飲みにミュンヘンに行くのに、わざわざビールを持って行くようなものだ」と答えていました。その当時は今より夜遊びを目的とした男性も多かったようです。大島渚監督の『愛のコリーダ』の無修正版を見るためにパリに来る男性が多かったのも、この頃です。

第12章　パリの日本レストラン事情

1960年代、初めてパリに行った時は、オペラ座通りの近くに1軒、シャンゼリゼ大通りの近くにあるホテルの中に1軒、左岸の学生街カルチェラタンに1軒と、日本食レストランは3軒しかありませんでした。日本人の観光客やビジネスマンたちが増え始めた70年代になると、それを見込んで何軒か増えました。私がガイドを辞めてレストラン経営を始めた80年代初頭には「パリ日本レストラン経営者協会」というのができ、メンバーが30人近くいました。1カ月に一度集まり、情報の交換や諸問題の解決方法の模索などをしていました。特にその当時、多くの経営者を悩ませたのが日本人従業員の確保でした。あるいはカード（滞在許可証）を持っていない人たちを使っている経営者たちは、いかに労働許可証を彼らに取得させられるかなどでした。

そこで私たちは、毎月多額のお金を支払って、あるフランス人を顧問として雇っていました。ところがこの人物が相当な曲者でした。1カ月に1回の会合には必ず厚い書類らしい物を抱えて出席し、あらゆる手を尽くしてやっていますと、毎回毎回同じことを言いますが、最初から最後まで一枚も労働許可証はできませんでした。それどころか、私たち全員に自分のレストランで何人許可証を持たない人を雇っているか、書面で回答させることまでしました。そして問題があると思われるレストランに入国管理員を送ったのです。それも、営業中の調査は禁止になっているにも関わらず、わざわざレストランが一番混んでいる時間に。「現金で今すぐ支払えば問題にしない」と、何人かは多額の罰金を請求されたそうですが、それもおかしい話です。フランスの国家公務員が、こんな話に乗るはずがありません。

ついには、首謀者は人まで殺しました。お金を持っているだろうと思う人物を拉致して身代金を要求し、支払った人は解放されましたが、支払いに同意しなかった人は殺害されました。首謀者も解放された人も殺されてしまった人もみんな、私の身近な人でした。もちろん彼は逮捕されました。そんな中、ある同業者に道で会った時、その件が話題になりました。そして彼に「佐藤さんも狙われていたと思うけど、無事で良かったですね」と言われました。実は、自分自身もそう思っていました。レストランには何の問題もなかったのですが、頼みもしないのに何度も「問題はありませんか？」と、その人物が会いに来ていました。その時は必ず「白いのはマダムに、赤はマドモアゼル（私の娘）に」と2本の薔薇の花を持ってきました。しかし彼の仕事ぶりを見て、すでに彼を信用していなかったので、罠にかからず、お陰様で80歳まで生きられました。

70年代、パリの日本レストラン界に画期的なことが起きました。ヤキトリ専門の『レストランヤキトリ』の出店です。モンパルナス地区にできた1号店を皮切りに、オペラ地区、シャンゼリゼ通りなどに何店かできました。私は、ヤキトリは鉢巻をしたおじさんたちが屋台で食べる物だと思っていたので、日本では一度もいただいたことがありませんでした。しかしこの『レストランヤキトリ』が日本人にもフランス人にも大変好評なので、早速モンパルナス一号店のカウンターで初めて食べました。その時たまたま横にいた往年のフランス女優ジャンヌ・モローに話しかけられ、おしゃべりをしたのを覚えています。日本での有名人は彼ら自身もそれを意識しているし、身の回りの人たちもチヤホヤして放っておかない傾向がありますが、パリではそれは見られませんでした。かつて、オマー・シャリフやユル・ブリンナーなどと同じレストランで食事をしましたが、誰一人じっと見たり、サインをねだったりする人はいませんでした。70年代にあるキャフェで、自分の父親は早川雪洲だという男性に話しかけられました。確かに東洋人の血が入っているだろうと思われる顔立ちでした。

『レストランヤキトリ』はすべて定食になっており、5種類のヤキトリにご飯、小さなサラダ、そして鶏ガラでとった塩コショウ味のスープが付いていました。それがとてもおいしく値段もリーズナブルで、ガイド仲間と行って、すっかり病みつきになりました。午前中、あるいは午後の仕事が終わると真っすぐこのレストランに向かったほどでした。

ところが、ちゃんとした知識がなくとも、お金になるなら何でもやってしまう中国人たちが、見よう見まねでヤキトリと寿司を中心としたレストランを始めました。値段は本物の日本レストランよりも安く。その早さといったら、まさしく竹の子のようでした。90年代の初め頃、パリの日本レストランについて本を書いているので調べているという若いフランス人のカップルが会いに来ました。彼らの調査によると、パリとその近郊で日本レストランと称する店のうち85%は、中国人経営者だと言っていました。パリで何人か仲の良い中国人がいましたが、そのうちの1人が「どこの国でもレストランで成功するのは簡単だ。その国の人たちの味の好みを知れば良い。その点フランス人は簡単だ。甘くすればおいしいと思ってくれる」と言っていました。

ある日、中国人の友達に、中国人経営の日本レストランに行ってみたいと言うと、連れて行ってくれました。郊外のその店は、フランス人と中国人でいっぱいでした。彼らが何かを作ると、日本人には考えられないような巨大な物を作ります。例えば日本レストランですと二、三十席以内がザラですが、中国人はその10倍あるいはそれ以上の店を作る。やはり広大な国土に生まれ、巨大な人口を持つ国で育ったからでしょう。

そのレストランでは、彼らの目玉商品であるヤキトリと寿司を注文しました。まず寿司の上に乗っている魚ですが、どれを食べても魚特有の味がしない。中国人の友達によると、彼らは河岸に遅く行き、売れ残った魚を格安で大量に仕入れるそうです。シャリはというと、甘みが口に広がる。そしてヤキトリは、ソースが薄いあめ色で透き通っていました。案の定とても甘く、何とか1本を食べ終えて、残りは友達に任せました。彼はちゃんとした中国料理店の経営者ですが、特に何とも言わず全部平らげました。

その後、肝心な本物のヤキトリ店は、もうやっていけないと店を全部閉めてしまいました。ある夜、シャンゼリゼ通りの店に行った時、ホールマネージャーとしばらくおしゃべりをしました。しばしば中国人が来店するが、彼らが帰った後は必ずメニューがなくなると言っていました。普通、中国人たちは、自国以外の料理を食べる習慣があまりありません。もしフランスレストランで東洋人を見たら、100パーセント日本人です。

寿司とヤキトリで大儲けをした彼らは、パリ郊外から市内に進出してきました。そしてヤキトリと寿司以外の料理も出すようになり、より日本料理店らしくなりました。しかし本格的な日本料理は種類が多く、味も繊細なので、簡単に見ただけでは真似ができません。そこで彼らは、ある方法を見つけました。とびっきり高給で日本人の本物の板前を雇ったのです。それに釣られて何人か飛びついた人たちがいました。しかし中国人が何年間も、特に外国人に高額な給料を払うことはありません。1年が限度です。その1年間に中国人の器用な料理人にしっかり覚えさせ、1年後ぐらいにはなんだかんだ理由をつけて辞めさせられます。私の知っている板前さんは、すごく粘って2年間居座ったと言っていました。

　商売に関して言うと、我々日本人は中国人に太刀打ちできません。それから韓国人も私たちより上手です。最近テレビでよく見ますが、ちゃんとした歴史を知らない若者や、1965年の日韓協定があるのにも関わらず補償金欲しさに反日運動をしている人たちを見るとうんざりして悲しくもなります。しかし私がパリで知り合った韓国人は、良識があり好感の持てる人たちばかりでした。私の経営するレストランのオペラ店では、何人もの韓国人を雇っていました。彼らが職を求めてくれれば、何の質問もせず労働許可証を確認しただけで、次の日から働いてもらいました。正直で働き者で、その上献身的でした。ドーさん、チョーさん、キムさん、ハンさん。他の人の名前は思い出せませんが、この方達の名前は全部覚えていますし、顔も浮かんできます。

その韓国人がやった方法は、誰にも迷惑をかけない名案でした。フランスではレストラン業を始めた場合、3年間は絶対監査が入らないと言われていました。フランス人曰く、不正に大儲けをしたい場合、申告は50%あるいはそれ以下にし、しっかり3年間不正に稼いで、4年目に監査が入る前に店を閉め、その後別な物件を探し、工事をしてまた開店するそうです。しかしこの方法は、ちょっと面倒に思われます。まず理想とする物件が必ず見つかるとは思えないし、工事もしなくてはならない。またお客が入ってくれるかどうかも未知数です。特にパリの工事は日本と比べ、恐ろしく時間がかかります。日本でしたら2カ月ぐらいでできる建物も、6カ月、あるいはそれ以上かかります。そこで韓国人は、もっと合理的な方法を見つけたのです。

それを知ったきっかけは、知り合いのある日本女性の話でした。彼女の家の近くに韓国料理店がありました。この料理が好きなので頻繁に利用していたと言います。ところがある日、突然経営者が変わっていました。お客も入っていたのに、どうして売ってしまったのだろうかと思っていました。またある日、用事があったので、全く別な地区に行ったた時、昼食の時間が近かったので通りすがりの店に入ったら、その店のご主人が家の近くにあった店の人でした。そして何年かして入ったレストランの経営者がまた知っている別の韓国レストランの人だったのです。この話を仲の良い韓国人に話すと、カラクリを教えてくれました。なるほど！　と思われる名案でした。

お互いに信用のおける同業者が何軒かで同盟を結びます。そしてお互いに4年目近くになる人と売買契約をし、名義を変えます。それを順繰りにやるのです。書類が整った時点ですぐ店を開けられます。まず工事はしなくとも良い。テーブル、椅子もそのまま。料理器具も揃っています。従業員を探す必要もない。お客様もついています。そして監査は絶対入らないので、安心して働けます。たとえ不正をしていなくとも、フランスでの監査は時間もかかり精神的にも苦痛なので、どの経営者もこれを避けようとします。よく考えたものです。しかしこのシステムは、だいぶ後になくなったと聞きました。バレたのかもしれません。

日本での監査は、脱税はしていないとの前提で調べるそうですが、フランスは15％ぐらいしていると言う前提で調べると聞きました。何とか脱税を見つけ出し、脱税分と罰金が多ければ多いほど監査員の手柄になるので、彼らも必死です。

バブルが弾けて全世界が恐慌に陥った時代、私自身も大変苦労しました。世界中、今までちゃんと回っていたお金を誰がストップしたのか。約1年間、毎月精一杯の金額の小切手を持って遠い税務署に出向かなければなりませんでした。しかし、監査員も人間です。正直にちゃんと支払う意思があると見れば、とても優しかったのです。個室に通され、そこで小切手を渡した後、30分ぐらい世間話を楽しみました。彼からすれば、ちょっと息抜きでもあったのでしょう。内輪話をしてくれるようになりました。

窓を開けて大きな声では言えないが、と前置きをして、国は泥棒だと仕事仲間同士でも言っていることや、フランスの税金制度は中小企業に一番不利にできているなど。払いたくとも払えない経営者も大勢いて、そんな人たちを叱咤したり、その挙げ句、強制競売にかけたりと、この男性はこの仕事は長く続けるつもりはないとも言っていました。

確かに飲食業に対しての税率はとても高いような気がします。たとえば食材を買う場合、その物価にプラス5~5・5%の税金を払いますが、この5・5%は申告時に経費として算入できます。しかし、5・5%で買った食材を商品化して客に出すと、19・8%を税金として差し引かれます。どうして19・8%も払わなくてはならないのか、最初から最後までわからなかったし、フランス人の同業者さえ答えてくれませんでした。

イギリス人は統計学が好きらしく、何に対しても統計を出します。ある年、世界で一番住みやすい国として、3カ国が選ばれました。カナダ、日本、フランスでした。ある意味では私も同感です。いずれの国も民主国家で経済的にも裕福です。しかし私個人としては、いずれの国にも一つずつネガティブな点があると思います。カナダの寒さ、カナダに住んだことのある人の話では、普通の寒さではないと言います。日本はというと、自然災害が多い。そしてフランスは世界で一番税金が高い。80年代ごろに、あるフランス人の男性がフランスの税金について、他国と比べながら相当研究を重ねた上での本を出版しました。その当時、税金の高さでいうと、有名な「ゆりかごから墓場まで」とうたったスカンジナビアの国がありました。私もコペンハーゲンで働いたことがあるので、そのことは知っています。100円、200円のチップにも税をかけるのです。しかし外国人労働者に対しては、最初の3カ月は無税でした。しかし4カ月目からとんでもないパーセンテージの税金を持っていかれます。私たち外国人はデンマークで一生送るつもりはないと、ほとんどの人たちが3カ月後は別な国に行くか、あるいは自国に帰っていました。

こんな理由もあってスカンジナビアの国々の税金が世界で一番高いと思われていましたが、この本を書いた人によると世界一税金が高いのはフランスなのです。私自身はこの本を読んでおりませんが、読んだフランス人の話によると、確かに国が持っていく税率は高いのですが、スカンジナビアの国のシステムにはフランスには存在しない税金が免除される幾つかの項目や払い戻しがあります。それらを考慮した上で計算すると、事実上世界で一番高い税金を払わされているのが、フランス人との結果でした。

しかし私が不思議だなと思うのは、在仏中なんだかんだといつもデモをやっていた不満の多いフランス人たちが、税金に対してデモをやっているのを一度も見たことがないことです。あるいは覚えていないのかも知れませんが。それをフランス人に聞いてみました。どうしてやらないのかと。彼女の答えは、我々フランス人は中世の時代、デュニエと言って収入の1割をカトリック教会に収める決まりがあり、それが習慣となっているので、税金は言われるままに収めると。フランス人らしからぬ答えでした。オペラ店を開店して4、5年後、家賃、従業員のサラリー、材料費、光熱費プラス国に納める税金などを支払った上で、自分のポケットにいくら残るのか、会計士に聞きました。それまで私は、15％から20％残るだろうと思い、頑張ってきました。しかし彼の答えは、10％にも満たない7％でした。それを聞いて、自分のために働いているのではなく、税金と人のために働いているのだと理解し、それ以来、昼食時の収入を計算した上で、普通は午後10時半がラストオーダーにもかかわらず、9時、9時半にオーダーストップをして、毎晩カラオケでうっぷん晴らしをしていました。

店はパリで一番と言われた料理長のおかげで大変繁盛しました。お客様は日本人とフランス人が半々でした。そして両国の有名人も大勢お見えになりました。その中で忘れがたい人がお二人います。どちらも日本人です。その当時まだインターネットやNHKテレビ国際放送などがなかった時代で、私はこの方々を存じ上げませんでした。一人は坂東玉三郎氏です。パリオペラ座の座長とご一緒でした。仕立ての良い背広をお召しになり全体とお顔からかもし出す上品さ、一体この方はどなたなのだろうと思わせるオーラをまとっていました。日本人従業員が歌舞伎俳優だと教えてくれました。

もうお一人は女性で、ある有名なデザイナーに連れられて来店したのですが、彼女の印象があまりにも強かったので、デザイナーが山本寛斎か三宅一生だったか覚えておりません。ご挨拶に行くと彼女はすぐ席を立ち、「山口小夜子と申します」と丁寧にお辞儀をしました。全体が妖精のような方で、どの惑星から来たのかしら、何を食べて生きているのかしらと思わせる、非現実的な女性でした。

彼女の挨拶の仕方、話し方などから育ちの良いお嬢さんとお見受けしました。その年の夏、日本に帰国した時、通りすがりの化粧品店の店先に資生堂のポスターが貼ってあり、彼女の顔のお写真を見ました。店に見えた時と全く同じお顔でした。

パリで店を経営している間、日本から来た何人かのお客様から、「パリで店を開きたいけど、どう思うか？　あるいはどうしたら開けるか」などの質問を受けました。開くのは簡単だが、税金が高いことは覚悟しなければならないこと。自分にお金があり過ぎて、趣味のため、あるいは見栄のためやるのであればいいでしょうが、生活の糧にするとか、特に大儲けをしたいためだったら止めること、などと答えていました。パリはお金を得るためではなく、お金を費やしにくるところです。

第13章　パリニャンとパリニャンヌ

フランス語には男性名詞と女性名詞があります。パリに住んでいる男性をパリジャンと言い、女性はパリジャンヌと言いますが、女性と男性が混じっている場合は、たとえ女性100万人の中に男性1人が入っていても、男性形を使いパリジャンになります。

そして私はパリに住んでいる雄猫をパリニャン、雌猫をパリニャンヌと呼びます。パリジャンも私たち日本人のように動物が大好きです。しかし彼らは日本人のように動物を甘やかし過ぎたり、過保護にしたりはしません。そしてしつけが厳しいのでメトロの中、あるいはカフェ、レストランでも行儀が良く、何の問題もありません。あるレストランの店先に犬は良いけど、子どもはお断りと書いてあったのを思い出します。

いつの頃か覚えておりませんが、世界動物保護法が作られ、特に野生動物、あるいは希少動物そして絶滅危惧種に対しての規制が厳しくなり、ペットとして飼えなくなった動物がたくさんいます。60年代ごろのパリはまだ自由で、蛇を首に巻いて歩いている人がいたり、メトロの中で何かを抱えているなと思ってのぞくと蛇だったり、街の中ではフェレットや砂漠に住むかわいいスナギツネなどが、犬のように首輪をつけられて散歩していました。アメリカに生息しているプレーリードッグは普通にペットショップで売られていましたが、飼いたいと思って店に行った時にはもう輸入禁止になっていました。

店の近くに、若い頃石油関係の仕事でモロッコにいたというP氏が住んでいました。彼はある日、海で溺れていたモロッコの王子様を救助したお礼にと王様から城内の動物園で生まれたばかりというチーターを贈られました。その当時彼は、本社から提供された広い屋敷に2匹のドーベルマンと一緒に住んでいました。そのチーターはこの犬たちに育てられたので、猫科動物に見られるどう猛さは全くなく、人間に危害を加えるようなこともなかったそうです。ただ身体が大きくて動きも激しくじゃれて遊ぶのが好きだったので、度が過ぎると2匹のドーベルマンに牽制されていました。このチーターにちょっと面白い趣味がありました。P氏はよくたくさんの友達を招待してパーティーを開きました。その度、チーターは招待客の中からたった一人の男性を選び、一晩中まとわりつき頭から足まで舐めまくったという。その後、本社からP氏に帰還命令が出ました。パリのアパートに住んでいるP氏としては大型動物3匹を連れてくるのは不可能です。犬2匹はモロッコにいる友達に引き取られました。しかし、チーターの希望者はいませんでした。そこで彼はパリのヴァンセンヌの森の中にある動物園と交渉し、運よく引き取ってくれることになりました。ところが彼がチーターを連れてパリに戻った時は、まだ動物園側の準備が整っていなかったため、2週間一緒にアパートで暮らすことになりました。人間に慣れていたので特に問題はなかったのですが、ある日散歩の帰り、アパートのすぐ近くのいつものパン屋さんに入りました。何人か客がいたので自分の番を待っている間、チーターは滝のような音を立てておしっこをし始めたのです。一度始まると止めることはできない。大理石の床にどんどんオシッコの範囲も広くなってくる。どうしたら良いかわからなかった。大きな声で「ごめんなさい」と言い残してチーターを引っ張って立ち去るしか、仕方がなかった。その店には、もう二度と行けなくなりました。しかし幸運なことにパリは、5分も歩けば別なパン屋さんがあります。

P氏は動物園に引き取られたチーターに時々会いに行きました。一対一での面会は許されなくて柵越しでしたが、檻に向かって名前を呼ぶと飛んできて、金網越しに立って頬ずりをしたそうです。しかしその3年後にはガンで死んでしまいました。

パリで非常に変わった猫を飼っていたB子さんと知り合いました。自分で歯磨きをする猫です。もう少し早く彼女と知り合っていたらその猫に会えたはずですが、残念ながらその時にはもう猫はこの世にはいませんでした。とにかく彼女がすることは何でも一緒にしたといいます。お料理さえも。彼女がまな板の上で何かを切り始めると、包丁を持っている右手の甲に自分の手を添えて押し、それがきゅうりであれ、たくあんであれ、最後の一片を必ず自分の口に入れていました。食事も彼女と同じものを食べていたといいます。好物はキムチ入りのスパゲティだったそうです。そして有名な歯磨きは、ペーストをつけた子ども用の歯ブラシを両手で持ち、仁王立ちになって両脇の歯を自分で磨くのですが、前歯だけはできなかったので、Bさんがしてあげていたそうです。こんな話を聞いても信じられないと思いますが、他に2人の知り合いの証言もあるので実話です。どうして写真あるいはビデオを撮っておかなかったのか聞いたところ、あまりにも珍しいので大手新聞社の人がビデオを撮ったとのこと。しかし、このジャーナリストは後にニューヨーク勤務になり、Bさんにアドレスも電話番号も残さず、パリを去ってしまったそうです。

猫が大好きな私のこと、Bさんに会うたびに根掘り葉掘り聞きました。まずこの猫との出会いから。パリの市内に住む以前、彼女は郊外の田舎で一人暮らしをしていました。近くの小さなお城に住んでいた老婦人が一人暮らしは寂しいだろうから、「猫が子を産んだらあげるからね」と言いました。その2週間後ぐらいに「生まれたから来るように」と電話があったので行ったところ、子猫は昨日今日生まれたばかりでした。老婦人は「好きな1匹を選んで両手で包み、顔を近づけてあなたの声を聞かせて帰るように」と言いました。そして約3カ月後、「お城で友達を招待してパーティーをするのであなたも参加して。帰りに猫を連れ帰るように」と言われました。その夜城に行き、パーティーが催されていると思われる部屋の扉を開けて「ボンソワール、皆さん」と言いながら入ると、どこからともなく1匹の子猫が現れ、その夜一晩中Bさんのそばを離れなかったそうです。

そして、いつどの時点でこの猫が普通ではないと思ったかを聞きました。ある日、日本人の女性の友達が泊まりがけでBさんの家に遊びに来ました。その翌朝、友達は2階で掃除機をかけていました。Bさんは何かを取りに外に出たが、ドアは自動でロックされ、鍵を持たずに出てしまったことに気がつきました。大声で叫んでも友達には聞こえません。猫がガラス窓越しにBさんを見ていたので試しに「ママが鍵を持たずに出てしまい、中に入れなくなってしまったの。だから上に行って友達に鍵を開けてくれるように頼んで」と上を指差しながら言うと、猫はすぐ階段を上っていき、そして掃除機の音がしなくなり、猫を先頭に友達が下りてきました。どうして下りてきたか尋ねると、猫が激しく鳴くので何かあったのかと思い下りたと。それ以来、Bさんはこの猫は普通の猫ではないと思い、常に子ども言葉で話しかけ、そして自分がすることをすべて見せました。そして猫もそれに従ったといいます。

その当時の彼女の仕事はクーリエーといって、日本から添乗員なしで来る日本人団体客を空港で迎え、ヨーロッパ中の移動に付き添う仕事です。その間1週間あるいは10日間、家をあけることになります。ところがそのたび、まだ猫に何も伝えていないのに、その仕事を受けた時点で死にそうな病気になり医者に見せても毎回もうダメでしょうと言われていました。しかし仕事には行かなくてはなりません。友達に預けて出かけましたが、帰ってくると何もなかったように元気になり、また猫との楽しい生活が始まったといいます。

私もパリ在住中、何匹かの猫を飼いました。最後に飼ったルナは、Bさんの猫ほどではなかったが、頭も良かったし思いがけないことをする興味深い猫でした。晩年には会話もできました。その時は老猫シッピーもいて、容姿は可愛かったのですが面白みのない普通の猫でした。今まで動物を選ぶ時は、美しさ、可愛らしさを基準として選んできましたが、最後の猫は不器量な方が性格的に面白いかも、と娘とも意見が一致したので、4匹の中から絶対この猫は売れ残るだろうと思われる、やせて貧相な1匹を選び、ルナと名づけました。しかし娘は「それはおかしい。この猫は男の子よ。ルナは女の子の名前でしょ、男の子らしい名前をつけなくては」と反論しました。私はどうしてもこの名前にしたかったので、こんな理由をつけました。ルナの本名は、『佐藤瑠菜之進《るなのしん》』というお侍さんの名前で、ルナは愛称よと。日本では猫や犬に名前をつける場合は適当なようですが、フランスでは犬の名に関しては決まりがあります。アルファベット順につけます。例えば今年生まれた犬はAで始まる名前、来年はB、そして次の年に生まれたのはCで始まる名前と、名前によってその犬の歳がわかるのです。猫の場合にはルールはないようで、ミヌーとかミケなどが多く聞かれます。

不器量だったルナは成長すると、顔も体も立派になりました。そして貫禄がついたのですが、小さめの顔、ピンと張った両耳、贅肉のついていないすらっとした身体、白くて長い前足をきちっと揃えて座った姿は、古代エジプト時代のブロンズ像そのものだったのです。もしかしてルナはエジプト猫の遺伝子を持っていたのかもしれません。

ルナのお気に入りの遊びは、店の前を通る犬たちを驚かせることでした。ドアを開けておくとそこに座り、首だけ外に出して遠くからくる犬を見定めます。そして自分より小さいなと思う犬が通る時は、いったん首を引っ込め、通った時にワッと出て驚かすのです。しかし時々外を見てから奥の部屋に逃げて行く時もあります。大型犬が通る時です。店の前を常に通る犬の飼い主たちは、店の近くに来ると犬を抱いて通ったり、あるいは道路を渡って向かい側の歩道を歩いたりするようになりました。

一つ、ルナに困ったことがありました。時々店の内側に敷いてある小さな絨毯の上にウンチをするのです。私が買い物から帰るとシッピーとルナは並んで座り、ドアが開くのを待っています。ウンチを見て私は大きな声で「誰がしたの？」と叫びます。2匹は揃って知らん顔。二度目に声を上げると、ルナの目が少し動きシッピーの顔を見ます。「オッ、シッピーちゃんは白状しないな」と言っている感じです。そこで私は大声で「シッピーがしたのではないのだから、白状なんてするわけないでしょう！　シッピーのは小さくて細い。あんたのは太くて長い！」と。状況が悪くなるとルナはゆっくりきびすを返し、これまたゆっくり上を向いて左右に首を振りながら部屋に向かうのです。もしかしたら口笛を吹いているかも。そしてもし猫にポケットというものがあったら、両手はその中に入っているハズ。こんなずるい、いい加減な態度を見るたびに、どういう訳か日本にいた頃よくテレビに出ていた植木等というコメディアンが目に浮かぶのです。

しかし、ルナには優しい一面もありました。ある夜遅く、近くに住む若いパリジャンヌが店に入って来ました。だいたい夜遅く一人で来店する人たちは、男性も女性も何か話をしたい、聞いて欲しいという人たちでした。こんなことはしょっちゅうありました。私が女性で外国人なので安心して話しやすかったのでしょう。このパリジャンヌは、ある男性と恋愛関係にあると知っていましたが、その彼と別れてしまったのです。その経過を話している途中、彼女の目から大粒の涙が出て頬を濡らしました。すると彼女の椅子のそばの地面に座って話を聞いていたルナは、突然彼女の膝に乗り、両前足を彼女の胸に当てて立ち、涙を舐め始めたのです。可哀想と思ったのか、たまたま喉が渇いていたのかは定かではありませんが。

シッピーとルナの大好物はマグロの赤身でした。マグロを切り始めると、2匹は必ず私の足元に座り、マグロが落ちて来ないかなーとじーっと上を見上げます。時々後ろにある器に切れ端を入れてあげるのですが、一度それが水用の器に落ちてしまいました。2匹はサッと器の方に行きました。シッピーは水の中にあるマグロを見て、これはダメだとどこかに行ってしまったのですが、ルナはびっくりするような方法で魚を口にしました。まず彼は水を飲み始めたのです。全部ではありません。猫は水が苦手です。特に毛を水に濡らすのは、とても嫌がります。ルナは前足の毛を水で濡らさず爪だけで魚が届くまで水を飲み、自慢の長い爪をギュッと出し、魚をつかんでそのまま口に入れました。まさかと思い、もう一度同じことをさせました。全く同じ方法で食べたのです。夜、娘が帰った時、水の中にマグロを入れた器を見せ、ルナを呼びました。娘は私を残酷だとののしりましたが、結果を見て驚きの声を上げました。それ以来、食事は爪でさせるようにしました。

ルナのもう一つの好きな食べ物はスパゲティでした。歯磨きをする猫はキムチ入りのスパゲティが好物でしたが、私とルナの好物は簡単な挽肉とトマトソースで和えたものでした。最初は私の食べ物だったのですが、それを食べるたびに盗もうとするので、私の皿のはじに一本ずつ乗せて食べさせるようになりました。以来面倒なので、大きな皿で一緒に食事をすることにしました。右側は私用、左側はルナ用と。ところが、電話が来たり何かを取りに行ったりしてちょっと席を外すと、ルナは山盛りになった私の分全部を、得意のあの長い爪で自分の方に持っていってしまうのです。

寝る時はいつも私の右腕を枕にして寝ていました。私が仰向けに眠っていると、彼はトントンと二度私の右肩を叩きます。私は左の手で布団をあげます。そして寝る前の自分の見繕いの前に、まず私の見繕いをしてくれます。頬や首、耳などを、あのざらざらした舌で3分間ぐらい舐めてくれるのですが、それがとても辛いのです。しかし私はルナにやめてと一度も言ったことがありませんでした。私たち猫好きの多くは常に猫に遠慮し、そして気に入られるように気遣います。その反面、犬は嫌でも人間を喜ばせようと努力します。猫は気に合わないことは絶対せず、人間を従わせる術を知っているのです。この点が犬と猫の大きな違いです。猫たちは自分を王様あるいは女王様と思っているのです。

2016年、やっとレストランの買い手が見つかり、余生をどこで過ごすか、いろいろ考え始めました。そしてルナはどうしよう。ルナはその時19歳でした。猫は人間にではなく、家に住みつく動物。彼の住処はレストランなのです。どこかに連れて行っても幸せとは限らないし、あるいは連れて行けないところかもしれない。そんな時、深く考えずにこんなことを言ってしまいました。「ルナちゃん、もう19歳ネ。猫としては十分長生きよ、それに私との人生は楽しく幸せだったでしょう、もうそろそろ、あちらに行ってもいいんじゃない？」と。そしてその1カ月後、病気でもなく元気だったのに、ある夜私が眠っている間に、一人で天国に行ってしまったのです。今まで眠ってしまえば一度も鳴いたことがないのに、その夜、ニャーンという声を夢の中で聞きました。あれは私に対しての別れの挨拶だったのでしょう。2カ月間泣きました。今でもルナのことを思い出すたびに、目が潤みます。あの世で私の両親の間で、自慢の白く長い前足をきちんと揃えて行儀よく座って、私を待っていてくれるような気がします。待っていて欲しい。

第14章　幽霊のはなし

スコットランドは幽霊が多く出る国として有名ですが、古い建物が多いフランス・パリでも結構出るようです。見たという人に何人も出会いました。すべての人をよく知っていた訳ではないので信憑性に欠けますが、その中で信用できる3人の体験を紹介します。

そのうちの1人は、日本指折りの家電メーカーの社員で、よくカラオケで一緒に楽しんでいた人です。まだ若く独身で、一般社員だったかと思います。いつも同僚にからかわれ、笑いのネタにされていました。彼のアパートにしょっちゅう幽霊が出るという噂を聞いたので、「本当ですか?」と問うと、本当だとの答えです。最近出た幽霊はどんな幽霊か聞くと、3人一緒に出たといいます。1人は自分のベッドの周りをドタバタと歩きまわり、1人は自分のベッドの左足の方の角に座りスパゲティのようなものを食べていた。最後の1人はすぐそばのトイレの水を流していた。そして直近ではいつ頃出たかを聞くと、2カ月前で定期的に出るのではなく間隔はまちまちだそうです。何日かおきに出るのであれば、彼のアパートに泊まりに行くつもりだったのですが、まさか家族を置いて2カ月間独身男性のアパートに泊まるわけにもいかないので諦めました。

もう1人は、フランスではなく東京での話です。日本の企業に勤めていた男性〇さんによると、皇居の近くにある一流ホテルで遭遇したそうです。帝国ホテルではありません。彼はパリ勤務でしたが、時々本社に戻ることがあり、その時そのホテルに宿泊しました。もう眠っていたのですが、寒さを感じ毛布を直そうと目を開けると、カーテンを引いていない窓越しに外を見ている女性を見ました。金髪の中年の白人女性でした。怖くはなかったので、その女性を見つめているとゆっくり彼女の首が左にまわってきました。彼は、もし幽霊に会った時は絶対目を合わせてはいけないと知っていたので、目が合うと思った瞬間ナイトテーブルの上にあるスタンドをつけると同時に、女性は消えました。すぐレセプションに電話をして部屋を変えて欲しいことを告げると、相手は「ああ、出ましたか？」と答えたという。いつか幽霊に会ってみたいが、1人では嫌なので機会があったら誰か友達とその部屋に泊まってみようと、ホテルの名と部屋番号を聞きました。だいぶ昔のことなので忘れてしまいましたが、部屋番号は500番台だったのを覚えています。

90年代の半ばに、25歳ぐらいの中国人のL君をウエイターとして雇いました。感じの良い子で仕事はプロ級で完璧、綺麗好きで几帳面。私の方がしばしば注意されていました。

初めて会った時の印象は、いつも両手の指の節々をポキポキと折っていたことと、鋭い目つきでした。はっきりした二重のギョロッとした大きな目。私にはいつも礼儀正しく笑顔でしたが、もしこの目で睨まれたらさぞかし怖いだろうなと思わせました。

　店に来て何日か経った頃、お客様を迎える準備を完全に整えた後、ドアの敷居に両足を八の字に広げて立ち、腕を組みながら外を見ていました。すると「マダム、あいつは何者か?」と首だけ私に向けて言いました。「誰のこと?」と聞くと、あいつだとまた首で向かいの店を示しました。40代の男性が1人で営んでいる美容室でした。彼がどうしたのかと聞くと、にらまれたので自分もにらみ返したら、店の中に入ったといいます。「彼は私のことが嫌いなので、私のために働く貴方のことが気に食わないのでしょう」と説明しました。するとL君は両手の指をポキポキさせながら、今すぐ彼を叩きのめしに行って良いかと聞くので、私は慌てました。本気なのです。「それは絶対ダメ! やめて! 許さない!」などと叫んで懇願しました。そうでなければ彼は絶対行ったでしょう。

　そしてまたある土曜日の夕方、出勤するなり「今夜は8時前に帰りたいけど良いか?」と聞かれました。フランス人の夕食は遅く8時半から9時ごろです。パリで7時の開店を今か今かとドアの前で足踏みをして待っているのは日本人観光客ぐらいです。一応理由を聞きました。自分には何人かの仲間がいる。その中の1人が知り合いの中華料理店の店主から店の近くに新しく店を出したヤツがいるので、なんとかして欲しいと相談を持ちかけられたそうです。その夜8時に仲間とその店をメチャクチャに壊しに行くことになっているとの説明でした。もちろん止めました。「客も従業員もいることだし、すぐ警察に通報され、逮捕されるからやめなさい」と。しかし彼はそんなことは絶対ない方法があると説明をしてくれました。まずどっと皆一緒に店に入り込み、一番目立つ幾つかのテーブルに短刀を突き刺すのです。その意味は、ここで見たことを口外したり、警察に通報したりした者はただではおかないという意味だそうです。「その方法で今まで一度も問題がなかった」と言うL君に告げました。「8時前は困るけど、ある程度、客が引いたら帰してあげる」と。その2、3日後、彼は仲間のリーダーという30歳半ばの中国人男性を連れてきて、紹介されました。その彼は店に入るなり「ワァー、着物を着た日本女性を見るのは、生まれて初めてだ」と子どものように喜びました。その笑顔は4、5歳の男の子の様にあどけなかった。こんな笑顔を持つ青年たちが、どうしてこんなことをするのか考えさせられました。若気の至りであり、遊びでもあったのでしょう。リーダーが帰った後、L君は、「もし何か困ったことがあったら言ってください。彼が助けてくれます」と。この話はもう30年以上前の話、この子たちはのちにパパになり、あるいはおじいちゃんにもなり、良識のある人間になっていることでしょう。

さて、このL君が見た幽霊は多く、かつリアルでした。その中でいくつか記憶に残っているものがあります。

L君は私の店に来る前にボルドー地方で働いていたのですが、その前はパリと郊外の境界にある大きな中華料理店で働いていました。朝の5時まで開いているレストランで、私も知っている店でした。カラオケで3時ごろまで歌った後、お腹が空くと4、5人で行ったものです。L君はそのレストランの中で、小さな子どもたちが騒ぐ声を聞いたり、道路に面した側ではなく、反対側のガラス窓の外で小さな子どもたちが遊んでいたりするのを何度か見たそうです。しかし同僚に言うと、誰も見ていない。近所に時々休み時間に言葉をかわすフランス人の老人がいたので、彼にそのことを話すと、昔託児所があり爆撃でみんな犠牲になったと。レストランはその託児所の跡に建てられたとのことでした。

その後、彼はそこを辞め、ボルドー地方のあるレストランで働くことになりました。3人の同僚と隣町に住んでいたので、仕事が終わった深夜0時以降はいつも友達が運転する車でアパートに帰っていました。その途中右手は森、左手は農耕地の道路がしばらく続くのですが、濃霧の夜、森側を見ると白い服を着た髪の長い女性が立っていて、止まってくださいと言わんばかりに右手を上下に振っていることが時々あったそうです。それを友達に言うのですが、誰にも見えていないのでそのまま通り越すと、またその先に手を振っている同じ幽霊がいる。森が終わる頃には女性もいなくなっている。そしてある濃霧の夜、同じ道路を走っていると、突然遠くに大きな家が建っているのが見えました。近づいていくと道路のど真ん中に建っています。いつも通っている道で、対向車もないのでかなりのスピードが出ていました。L君は家があるから止まれと叫ぶのですが、誰も信じず車は走り続けました。後ろの席に乗っていたL君は立ち上がり、家に衝突する寸前に運転手の脇にあるサイドブレーキを上げました。すると車は激しく一回転して止まりました。幸い怪我をした人はいませんでしたが、L君の説明は信じてもらえない。また明日昼間に来て調べようとその場所に石ころなどを置いて、半分溝に落ちた車を引き上げて帰りました。

次の朝、出勤前に同じメンバーで事故現場に行ってみると、車が回転した時のタイヤの跡があり、溝にも痕跡が残っていました。農耕地の方を見渡すと、1軒の農家らしい家が見えたので、そこに行ってみることにしました。昨夜起きたことを話すと、そこはよく事故が起こることと、亡くなった両親の話では、昔その場所にもう1軒農家があったが第2

次世界大戦中、爆撃に遭い、両親と子ども全員が亡くなったと説明されました。道路はその家があった上にできたそうです。

以前、死後の世界についてインターネットで検索したとき、こんなことも書いてありました。幽霊に遭遇する人たちに多いのは、生きるか死ぬかの瀕死の病気を経験した人や、異常な体験を経験した人たちだと。L君はまさしく後者に属する人物です。彼は生い立ちからして普通の人ではありませんでした。彼は東南アジアにある王家の血を引いている人で、世が世ならプリンスなのです。しかし70年代、その国にクーデターや内戦があり、大量虐殺が起こりました。国に革命や暴動が起きると一番先にやり玉に挙げられるのが主権者、政治家、特権階級、富裕層、知識階級です。そして何の罪もないたくさんの民衆も犠牲になります。実はL君の父親は祖父の時代からその国に定着した中国人でした。そして当時その国で、押しも押されもせぬ大スターだったのです。L君は「これしか持っていない」と身分証明書から剥がしたような、小さな古びた写真を見せてくれましたが、こんな美しい顔を持った男性が東洋にいるのかとびっくりしたのを覚えています。そんな美男子の俳優に、その国の王女様が恋をしました。祖国を離れ外国に定住した中国人は世界中におりますが、自分達のコミュニティーを作り、その国の人たちとはあまり交際しないし、また自分達の中に入れることもしないようです。結婚も親にしてみれば中国人同士を望むと友達が教えてくれました。王家からの結婚の申し込みがきた時は、L君の父親の両親は困ったことでしょう。しかしL君は「その当時、王家に従わなければ、これだから」と言って、言葉に出さず片手の4本の指を握り親指で自分の首を左から右にさっと切るような仕草をしました。王女様の願いが叶い、二人は結婚しました。この二人の間に生まれたのが他ならぬこのL君です。

内戦が起きた時、自分は3歳ぐらいでその国での思い出はほとんどないが、一つだけはっきり覚えているのが、父親が自分の目の前で殺されたことだったそうです。小さかったのでそれを見て特別な感情も湧かなかったし、どうして、誰が、などにも考えが及ばなかった。その後、祖母、何人かの近親者たちとグループを組んでその国を逃れ、長い間ジャングルを歩き続けました。その途中、銃を肩にかけて歩いている何人かの兵隊を見た。しかし、どの兵隊にも足がなかった。これが、L君が見た初めての幽霊です。もしかしたらこの兵隊たちは日本人だったかもしれません。フランスにたどり着き、中華街でおばあちゃんと暮らし、中国人として成長しました。

私の店で働いていた頃、突然L君の母親ががん治療のためパリに来ました。フランス政府の援助もあり、主権を回復した王家は国に戻り、母親もプリンセスの称号を持っていました。病院に持って行くようにお見舞いの花をL君に托したところ、次の日母親からだという封筒を渡されました。開くと王家のロゴがついている美しい便箋に丁寧なお礼が英語でしたためられていました。しかし残念なことに彼女はまたすぐ国に帰ることになりました。病状が重くてパリの病院でも手の施しようがなく、その国のならわしとして、来世も同じ国に生まれたければ母国で死を迎えることが推奨されているためです。母親は国に戻ってすぐ亡くなりました。1週間後ぐらいに日本大使館に勤めている知り合いが、ある新聞記事の切り抜きを持ってきました。ハガキ大の大きさの記事で、タイトルに『赤い王女の死』とついていました。

　自分を育ててくれたおばあちゃんももう年老いて、L君が働いて面倒をみていました。そしておばあちゃんが頻繁に口にするのは「息子は生きている、お前のパパは生きている、必ず帰ってくる」。もちろん自分の目の前で殺されたことは、絶対に彼女に言いませんでした。この話を聞いた時、すぐ頭に浮かんだのは日本の「岸壁の母」でした。古今東西を問わず、死ぬまで子の安否と幸せを願う母親はたくさんいると思います。女が母になることは、喜びでもありますが悲しくもあるのです。あまりの愛おしさがゆえに。

第15章　フランス人とフランス語

沼津に住むようになってから何もすることがない。友達もいない。これと言った、気の利いた趣味もない。そこで、狩野川沿いの花壇の草むしりをボランティアで始めました。しかし草むしりだけで、一生を終えるのは何とも寂しい。そこで冥土の土産として、パリでの50年間の思い出を書いてみようと思い立ちました。まずリストを作りました。1．フランス人、2．ダリとの出会い、などと。ところが、第1章からつまずきました。フランス人の性質はシンプルでなく、大変複雑です。どんな風にどんな言葉を用いて表現したら良いのか、ほとほと困りました。考えがまとまらず時間が経つばかりで先に進まない。そこで簡単なことから書き始めることにしました。

そんな時、日本の大学でフランス語の教鞭をとっている若い教授と知り合いました。素晴らしいフランス語を話し、フランス在住も長く、フランス人の気質も熟知している方です。良いアイデアをいただけるかもと悩みを話すと、彼も全く私と同感だとの答え。私が求める解決につながるようなアイデアは、いただけませんでした。それでは書かなければ良いではないか。しかし50年間のパリ在住の思い出を書きながら、フランス人について書かないのは、日本に富士山、フランスにエッフェル塔がないのに等しい…そこで沼津に住む40代のフランス人女性・Dさんに同じことを話すと、「ミチコ！　何も難しいことはないじゃないか。本当のことを書きなさい。貴女も知っている通り、私たちフランス国民は常に不満を抱えている国民で、個人主義で揶揄、風刺は世界一よ！」と、フランス人の一面を表す言葉が返ってきました。Dさんの言葉に勇気をもらい、ネガティブなこともポジティブなことも書くことにしました。それに、ネガティブなことを書かれたからといって、私を叩きにくるフランス人はいないでしょう。逆に「そうだ、その通りだ」と笑ってくれる人も多いでしょう。これもフランス人の一面なのです。それでも、書くのは難しく、とうとうこの章は最後になりました。

まず60年代・70年代のフランス人と、80年代以降のフランス人では、だいぶ異なる感があります。初めてパリに行った60年代、パリジャンたちは、外国や外国人に対しての興味は全然ありませんでした。従って親切ではなかったことと、英語を話さなかったこともあり、外国人を相手にするのが面倒だったのでしょう。たとえば店に入り、店員に何かお探しですか？　と聞かれ、言葉に詰まっていると「ここはフランスです。だからフランス語を話さないのは、普通ではない」と、やられます。他の国の人のように、言葉を知らない外国人を何とか理解してあげようという努力はしませんでした。外国人に対しての排他的な言葉を一番耳にしたのが、やはりその当時でした。たとえば、外国人は我々フランス人のパンを食べにくるなとか、フランスにはすでにモンダイがあるのだから、外国人たちは自分の国の問題をフランスに持ち込まないでくれ、とかです。

あるフランス人がこんな話をしてくれました。小さな村に夫婦が営む小さなパン屋さんがありました。ところが、このパン屋さんが突然店を閉めてしまいました。フランス人の排他的な考えに居心地が悪くなった夫婦が、故郷イタリーに帰ってしまったのです。これ以来、その村の人たちは、パンが食べられなくなったそうです。

それから、その当時のフランス人は、自国以外はすべて後進国とみなす風潮がありました。その優越感はどこから来ていたのか。1800年代の英国では産業革命があり、それを皮切りにイギリス、フランス、アメリカなどで何度か万博が開かれ、自国の発明品をどんどん世界に披露するようになりました。特にフランスは、1889年の万博にはエッフェル氏による塔を完成させ、技術面と共にフランスの存在を世界に知らしめました。

確かにフランスは、昔から先進国の一つです。優越感を持つのは当たり前。それとノーベル賞受賞者の数から言っても、フランスに頭脳明晰な人が多いのも認めます。しかし、これは全く私個人の考えですが、フランス人に優越感をもたらした理由が、もう一つあると思います。ショヴィニズムです。この主義を唱えた人物は、フランス革命時代からナポレオン時代まで生きた、ニコラス・ショヴァンという超愛国主義かつ排他的考えをもった人です。この人物が、「フランス万歳！」「フランス最高！」「フランス世界一！」と国民に、愛国心、優越感そして、自尊心を植え付けたのだと思います。その主義が、先祖から口伝えに続いたのでしょう。しかし、昔よく聞かれたショヴィニズムとかショヴァンという言葉は、80年代以降、一度たりとも聞かなくなりました。

初めの頃のパリでは、付き合う友達は皆外国人ばかりで、フランス人の友人はできませんでした。それでも、東洋人に興味を持ったパリジャンとの接触は何度かありました。いろんな質問を受けました。それが驚くものばかり。「日本にテレビはあるのか？　車は？　電車は？」などです。日本ではすでにオリンピックが開催され、世界一速い電車を走らせた時代です。この技術が80年代、フランスのTGV建設と、後のフランス—イギリス間のユーロスター建設に貢献したのです。それぐらいフランス人は、自分の国以外で何が起きているのか無関心だったのです。

あるいは「日本人の妻は、人間として平等に扱われず常に夫に虐げられていて、歩く時は彼の3歩後を歩くのだって？」などです。この質問に関しては、私はこう答えていました。まず夫の3歩後は歩かないこと。そして私たち日本女性は、外あるいは人前では常に夫を立てますが、家庭内で財布を握り、それを管理しているのは妻ですと。確かに昔も今もそれが日本では普通のようです。日本人の男性が人生で一番大事にしているのは仕事です。それ以外のことで頭を使うのが嫌なので、子どもの教育とお金の管理は、自然と妻任せになるのでしょう。

しかしパリジャンたちはちょっと違います。夫が管理します。もし妻も働いている場合は、あんたのお金はあんたの、私のは私のといった具合です。生活費は、お互い折半するのです。ところがお金が原因で夫婦喧嘩になることが、よくあります。新婚当時、愛し合っているのだから、そして一生愛し続けるのだからと、銀行で夫婦連名の口座を開くのです。これが間違いの元です。夫婦共同の口座なので、どちらも自由にお金を引き出すなり、小切手を切れます。ところが、どちらかが相手に断りもなく自分だけの買い物、あるいは遊び代として出費する。その金額が重なるとケンカが始まり、また別々にしようということで問題解決になるのですが、カップルによっては二人の名前で銀行からお金を借り、長期ローンでアパートを買う人たちもいます。もちろん夫婦とも常識があり責任感もある場合、問題はないのですが、カップルのどちらかがお金に対してずさんで、毎月自分の分を銀行に返済しないと、もう一人が相方の分も毎月銀行に入金せざるをえなくなる。そして度が過ぎると、離婚、裁判になります。金銭的問題を起こすのは、どちらかというと男性に多い。ところが裁判になると、彼らは返済していないにも関わらずアパートの半分の権利を要求して、泥沼の戦いをしていたカップルが何組かいました。フランス人は、日に何度か「ジュテーム」と言い、お互いに愛を確かめ合います。これは「愛しているのだから、私に対して悪いことをしないでね」という意味も含まれているのかもしれません。日本では「愛してる」なんて一度も言ったことがなくても、死ぬまで仲良く暮らしている夫婦はザラにいます。共に暮らしていれば、愛しているなんていちいち言わなくとも態度でわかるはずです。ある50代の男性に、どうしてフランス人の多くは、奥さんにお金を管理させないのかを聞くと、「自分の妻は、まず妻自身のために費やし、2番目は子供のため、そして自分は最後だ」と。フランスには、日本の「山内一豊の妻」のような女性は、少ないのかもしれません。

80年代に入る頃には、パリジャンたちのメンタリティーもだいぶ変わってきました。性格もより開放的になり、クールになりました。英語を話すようになり、外国人に対しても柔軟に対応するようになり、かつ外国の文化にも興味を持ち始めたのです。そのためかどうかわかりませんが、一生付き合えるフランス人の友達ができたのも、この頃です。しかしそれでも彼らは、他のヨーロッパ人と比べると自意識も自尊心も高いと思います。特に人前で恥をかくなど沽券に関わることは、絶対許さない。世界中でカラオケに夢中になっていた80年代、フランスでは全く流行らなかった理由は、その辺りにもあると思います。

日本人男性の多くは、どんな職業でも精神的、体力的にかなり酷使させられます。従って仕事が終わると、妻や子どもを家に残し、給料に見合ったレストラン、居酒屋あるいはカラオケで飲み騒ぎ、その日一日のストレスを解消させ、明日の仕事への英気を養っているのです。しかしフランスの夫婦は、仕事以外いつでも一緒にいなくてはいけません。どちらかが1人で、特に夜外出するのは、浮気とみなされるのです。それではフランス人の夫たちは、いつどこで溜まっているストレスを解消し、次の仕事への英気を養うのか。それは1カ月間たっぷりある有給休暇・グランバカンスです。

それから日本の社会にあって、フランスにないのが、ビジネスを伴った夕食の接待です。フランスでは、デジュネーダアフェーと言って、接待は必ず昼食時に行います。ある日本の企業の役員が話してくれました。「その日の会議が終わらなかったので、夕食をしながら続けることになり、いったんみんなを家に帰して、レストランに再集合することになった。すると、役員の中に一人いたフランス人が夫人を伴ってきたので、全員大変とまどった」と。これは国の習慣を知らなかった日本人がいけない。

銀座の某ビルの中に、変わったカラオケがありました。80年代、年に1、2度帰省していた頃、何度かそこに連れて行っていただきました。小さいけれど高級そうな店で、50代の知的なママと、従業員はハンサムな若い青年ひとりだけでやっていました。70歳をとっくに過ぎた母は、このハンサムな慶應ボーイに会えるのを、何よりも楽しみにしていました。値段も銀座にある店としては、とても良心的だと聞きました。もちろん余程の人の紹介がないと入れない所です。そこに来るお客様たちは、威厳と品格を備えた60歳以上の方々ばかり。どなたも夫人を伴っていません。しかし、家に居る夫人たちは何も心配していないのです。聞くところによると、大手有名会社の社長とか役員だそうです。この店の何が変わっているかというと、閉店時間になると、普通はみんな帰る支度をするのに、この店では毎回2、3人のお客様が片付けや掃除を始めるのです。月曜日はA社、火曜日はB社と担当が決まっているのでした。このシステムは店が作ったのではなく、お客様からの申し出と思います。こんなお店がパリにあるとは考えられないし、またパリのお偉いさんたちは、決して店や自宅の床を磨きはしないでしょう。もしかすると、クールなアメリカ人はやるかもしれません。

確かにフランス人は、男性も女性も常に不満を抱えています。一般的に、不満というのは、自分に不都合、あるいは不条理なことに遭遇した時に起きるのでしょうが、彼らの場合、強いてそれを探している感さえあります。

昔に遡りますが、日本で初めてオリンピックが開催された時、選手村に大きなアスリート用の食堂ができました。大勢の日本のコックさんたちは、各国の選手に喜んでいただけるように努力したようです。おかげで評判も良く感謝もされました。不満を表した国は1カ国だけ。そう、フランスでした。今後お宅にフランス人を迎えるようなことがありましたら、毎食脂身の少ない硬い牛肉を、真っ赤な血が滴るような半生の焼き加減で差し上げてください。それにプラスして、山盛りのフレンチフライドポテトとディジョンのマスタードを添えれば完璧です。そうすればフランスに帰ってから「日本の食事は最高だった」になります。それとフランス人は、他人と簡単に同調しないし、自己主張も多い。相手を傷つけようが、自分が嫌われようが、一向に構わず堂々と思っていることを述べます。決して悪くはないのですが、その場の空気を読みながら、もう少し相手を気遣う会話をすれば、少しはフランス人に対しての好感度が上がるのではないかと思います。

ある夜、私のレストランでフランス人を含めた6人の男女が、フランス人とフランス政府に対しての批判と揶揄で盛り上がっていました。そのそばのテーブルで30代ぐらいの育ちの良さそうな男性が、1人静かに食事をしていて、もちろん隣の客の会話は全部聞こえていたのでしょう。途中、その男性が「ある謎が解けた」と遠慮がちに隣の会話に加わったのです。自分はカナダの英語圏に時々出張するが、何度も「お前は、フランス人だけどいい奴だから、仲間に入れてあげる、付き合ってあげる」と言われ、必ず「フランス人だけど」が付いたという。その意味がわからなかったが、今わかったと感心していました。

どこの国の人も、パリ、フランスと聞くと目がぱっと輝き、特にパリに憧れます。しかしそれは、フランス人に対してではなく、フランスのファッション、芸術、フランス語、料理、街の美しさなど、華やかなフランス文化に憧れるのです。昔も今もフランス人と友達になりたい、結婚したい、ボーイフレンドが欲しいとか、あのフランス人に会ってみたいなどは聞いたことがありません。あっ、1人いました。アラン・ドロンが！

それとフランス人は、自意識も高く、簡単に相手に同調しない傾向もあります。これが国際政治にも現れます。最近、世界中に問題があり過ぎます。G7、EU、NATOなどが集まって話し合い、何かを決める時、必ずフランスは反対あるいは異論を唱えて、他国のヒンシュクを買っています。しかしフランス政府が必ずしも間違っているとは言えない。現在は世界が混沌としている状態。フランスばかりでなく、各国の首脳は、まず自分の国の安全と救済を考慮しながら闘っています。そしてその中には、主義の違いや、友好国、非友好国があり、どの国にも平等な解決法はないでしょう。2023年、広島でG7会議が開かれました。会議が終わり、恒例の写真撮影がありました。7カ国とEUの代表が横並びになりました。そこで笑みを浮かべて両手を振ってくださいとカメラマンから言われたのだと思います。全員そうしました。ただ1人、マクロン氏の手が上がっていない。ニコッともしていない。そればかりではなく、彼の左手はポケットに入ったままです。いつ手を振るか注視していましたが、最後まで氏の両手は上がりませんでした。やはりフランス人は、ちょっと違います。マクロン氏は、G7が先輩のジスカール・デスタン氏によって、70年代にランブイエ城で設立されたのを知っているのかしら?

またフランス人は、性格がきついのも特徴です。ラテンの血なのでしょう。どちらかというと、女性の方がきつい。男性は神経質。あまりフランス人について知らなかった頃、彼女たちは、世界で一番性格が強いと思っていましたが、もっとキツイ女性たちがいました。スペイン女性とベトナム女性です。スペイン女性とは、知り合う機会がなかったのでなんとも言えませんが、多くの女性は、男性あるいは自分の夫を叩くという話は何度も聞きました。しかしベトナム女性に関しては人から話も聞くし、自分も目撃をしています。

昔、従業員に1人いて、可愛くて仕事もよくやる子なのですが、性格がとてもキツいのです。周りの人とよく口論になり、興奮してくると相手より声が3倍も大きくなって、相手の顔に唾を吐いていました。あまり目にする光景ではありません。そしてお互いに知り合いではないのに、全く同じテツを踏んだ2人のフランス人男性を知っています。2人ともフランス人女性と結婚していましたが、相手の性格の強さに耐えられず、離婚しました。そこで東洋の女性は優しいと聞いていたので、ベトナム人と結婚しました。1人はパリで知り合い、もう1人は、わざわざベトナムまで嫁さん探しに行きました。その当時はフランスの植民地だったこともあって、ベトナム人たちはフランス語を話していました。ベトナム女性は、身体も均整がとれていて、顔も美しい人が多い。それに言葉の点でもフランス人にすれば、都合が良かったのでしょう。ところが、結婚式を挙げ、書類の上でも正式に結婚した途端、性格の強さにびっくり。この2人の男性はともに40代、これからの人生はまだ長い、とても一生共に暮らしていけない状況。フランス女性とは離婚ができましたが、ベトナム人の妻とは絶対離婚ができないだろうと、2人ともしょんぼりしていました。こんな失敗をしたくなければ、結婚前に最低2年間ぐらい同棲をすることです。

フランス人の友達Dさんが言うように、フランス人の揶揄、風刺、辛辣さは世界一というのは全面的に賛成です。国、人種、肌の色、政治、宗教などお構いなし。フランス人が4人以上で夕食を共にすると、一晩中揶揄と猥談で盛り上がり爆笑が続くのです。ハッキリ言ってとても楽しかった。一番ヤリ玉に挙げられるのが、ベルギー人、アフリカ人、アラブ人、ユダヤ人、そして時々日本人も。たとえ自分の国がターゲットにされていても、ユーモアに富み、かつ真髄をつき、その上表現も巧みなので、つい自分も一緒に大笑いをしてしまう。

それでは自分の国に対しては？　と言うと、これまた大いに辛辣にやる。これがフランス人なのです。このようなことが巷だけで繰り広げられているのであれば問題はないのですが、フランス人はこれを新聞やテレビでもやってしまう。そこが他の国とは違います。70年代、日本の総理大臣・田中角栄氏が、フランスを公式訪問しました。その時、メディアは「日本からトランジスター商人がやって来た」と報じました。そして次の日の新聞には、歓迎の晩餐会の風刺画が載りました。彼のお皿には、肉の代わりに草履が乗ってい て、「お前さんは、これでいいだろう」の言葉も添えられていました。ただ、日本側は特に問題にはしなかったようです。

２０１1年に福島原発大事故があり、放射能汚染が問題になって今でも続いています。その数カ月後、フランスで日本対フランスのサッカーかラグビーの友好試合がありました。世界ランキングからいっても、絶対にフランスが勝つべき試合だったのですが、たまたま日本が勝ってしまったのです。フランス人は憤慨したのでしょう。次の日の新聞に、だから日本が勝ったのだと言わんばかりに、日本選手の風刺画が掲載されました。その日本選手には腕が3本、足が3本ありました。これはちょっと問題になりました。大使館などから苦情がきたのでしょう。テレビである男性が「全く悪意はなく単なるジョークです」などと弁解していました。

確かにこの人種、この宗教、この国民が嫌いだからヤリ玉に挙げるのではなく、たまたま話題が提供されるので、彼らはお笑いのネタにしてしまうのです。その証拠に、いつもヤリ玉に挙げている国などに飢餓、災害、政治事変などの不幸が起きると、フランス人たちは立ち上がり、デモをして支援物資、義援金などを呼びかけ募ります。ある年には、ヨーロッパの国々の中で、それが一番多く集まったのがフランスだったのです。また、フランス人は日常会話においても他の国の人たちとは、ちょっと違います。ふつう誰かと会話をし、何か質問した場合、国籍が違っていても、どんな答えが返ってくるか想像がつきますが、彼らはちょっと違う答え方をします。悪く言うとひねくれている、よく言うと機知に富んでいる。

70年代の終わり頃、アパートを買いました。キッチンの家電製品は契約に入っていたのですが、洗濯機は入っていなかったので、すぐ注文しました。キッチンには置く場所がなく、浴室の湯船の足の方にちょうどそれが入る場所があったため、そこに設置するようにお願いすると、店の男性はダメだと言う。フランスでは湯船と家電製品は、安全確保のため最低1m以上の間隔がなければならないという。浴室には40㎝くらいの幅しかないが、場所はそこしかないので、気をつけながらどうしてもここに設置してほしいと頑張りました。彼は渋々承諾してくれましたが、設置しながら「まあいいでしょう、二度は死なないから」と言いました。まだフランス人との会話に慣れていなかった私は、すぐ意味がわからず、彼が帰ってから「ああ、そうか、事故で一度死んだら二度の死はあり得ないという意味だったのか」と理解しました。

沼津に住むようになってから、フランス人のDさんの携帯に電話をした時、旦那さんが出ました。子どものこととか料理とかでDさんは手が離せないのだろうと普通に考えましたが、彼は、Dさんは屋根の上にいると言う。私は日本人なので真面目に、「屋根の上で何をしているの」と問うと、瓦を一枚ずつ数えているという……いまだフランス人との会話には完全についていけません。どうして彼らとの会話は、他の国の人と違うのか。ラテンの血がそうさせるのか？　しかし、その他すべてのラテンの国の人たちとも大いに接触はありましたが、普通の会話でした。どうしてフランス人たちだけが、口が達者で言葉遊びが好きなのか、この本を書きながら、いろいろ考え続けました。結果、パリでは考えてもみなかったあることに気がつきました。ものは、近くで見るより遠くで見た方が、よりよく見えるのです。それは、フランス語という「言語」からきているということです。

まだ現在のフランスが形成されていなかった中世の時代、あるいはそれ以前の時代では、ラテン語やギリシャ語をベースとしながらも、北方から入った言葉や、あるいはパトワと言われる外からの侵入者を防ぐための地方語などが混ざった言葉を話していたのではないかと思います。それが1500年代のフランス・ルネッサンス時代になると、ロンサールを代表とするプレイヤードという文学者たちのグループが現れました。この人たちによって現在の美しいフランス語の基礎が作られたと言われています。そして1600年代には宗教家であり、当時の王に宰相として仕えたリシュリューが、現在のアカデミーフランセーズを創設しました。現在でもこの機関により、世界一美しいフランス語が厳重に監視され、保たれているのです。フランスでは、この会員になることは大変名誉なことです。フランス語は、単語、文法、発音も無駄な要素は徹底的に省かれた言語のように思います。それゆえ特に発音した場合、斜めにした板の上を水が流れるように滑らかで美しく、聞いていて心地よい。

英語の70％はフランス語からきていると言われます。英仏間の歴史からしても、それは明らかです。しかし彼らは、英語風にしようとフランス語にいくつかのアルファベットを加えたり、発音も変えたりするため、単語も少し長くなり発音がしにくくなりがちです。

現在、テレビでも日常会話においても、日本人はたくさんの横文字を使っています。最初、意味がわからず考えさせられる単語がいくつかありました。トラウマ、レガシー、ダイバーシティー、アーカイブなどです。特に、どうして、虎と馬なのか？　その意味を甥に聞くと「トラウマだよ」と言い、「その年で、こんなことも知らないのか」と私を見下げたような目つきで見たので恥ずかしくなり、「ああ、そうネ」とわかったふりをしました。自分の無教養さをさらけ出すのも嫌なので、友達にも聞けませんでした。ずっと考えました。ある日、トラウマを使う状況から、怖い、恐怖などの意味が含まれているとわかり、フランス語の［traumatisme］を日本人に発音しやすくトラウマにしたのだとわかりました。

ダイバーシティーも悩んだ単語のひとつです。私たちの県は、私たちの町はダイバーシティーだと再三テレビで聞きました。海に接している県や町なので、ダイビングを売り物に観光客を誘致しているのだと思っていました。ところが海がない県でもダイバーシティーなどと言っている。どうも腑に落ちない。ふとこんなことに気づきました。英語の単語の中にある「I」を「イ」、「A」を「ア」と発音すると多くの英単語が立派なフランス語になることを。意味も同じです。まれに意味が違うこともありますが。ダイバー［DIVERS］はデイヴェルス（多様）、レガシー［LEGATOIRE］はレガトワール（遺産）、そしてアーカイブ［ARCHIVES］はアーシイブ（古文書）。これらすべて、フランス語が元なのです。

日本語も英語も、会話になると学校で習った通りには話しません。しかしフランス語は、物乞いから大統領までみんな文法に則った話し方をするので、英語より理解しやすいのです。自分自身も中学校から始めた英語は10倍以上、20倍の時間をかけましたが、今でも中学校程度の英語しか話せません。フランス語はもうちょっとマシな程度ですが。そうです、フランス人が言葉遊びを好むのは、なめらかなフランス語でやるからです。これを、英語、日本語で訳し、意味が通じても面白みが減り、一同爆笑とはいかないのです。

それからフランス語には、ヴヴォワイエとテュトワイエという二通りの話し方がありま す。前者は目上の人や知らない人に対して使い、後者は家族や親しい友達の間で使いま す。世界にはフランス語を話したいという人がたくさんいるにも関わらず、二通りの話し方や男女名詞、男女形容詞などの存在がフランス語は難しいという印象につながり、習得のハードルを上げているように思います。

しかしフランス語には、明確で論理的なルールがあります。そのルールといくつかのフランス語独特の発音さえ覚えてしまえば、あとは日本語読みで良いのです。日本人の性格に合った言葉です。パリでも日本でも、なめらかな日本語を話すフランス人たちに会いましたが、特に発音は日本人並みです。聞いていて何の違和感も感じません。それに比べ英語圏の人たちが、どんな素晴らしい日本語やフランス語を話しても、英語風の発音とイントネーションは、どうしてもぬぐいきれず気になります。

この二つの話し方の存在は、しばし、私にあることを考えさせます。ヴヴォワイエは、目上の人、尊敬する人などに使いますが、聞いていて安らぎも感じられ、上品さ、美しさも感じられます。それに対してテュトワイエは前者より歯切れが良いのですが品格に欠け、非常に攻撃的です。もちろん口げんかや人を侮辱する時などは、こちらを多く使います。パリの家庭で子が親に対して、親が子に対しても常にヴヴォワイエで話している家族を知っています。家族全体の調和が取れていて、一度たりとも言い争いらしきものは聞いたことがありませんでした。ヴヴォワイエは美しいばかりではなく、人に対しての「敬意の念」が大いに含まれているからです。そこで私はあることを考えました。アカデミーフランセーズなり、大統領なりが明日にでもテュトワイエ禁止法を出せば、今後起こりうる大小諸問題の20%から30%は避けられるのではないかと。

現在でもパリに50年、60年と住んでいる知り合いが多くいます。結局住みやすいからです。初めの1、2年間を我慢し、フランスの気質、習慣、やり方、考え方などを理解した時点において住みやすくなるのです。要するにローマ人が言うように、パリではパリ人がするようにすれば良いのです。物価は確かに高いですが、ある一定以上の収入か十分な蓄えがあれば、パリは身も心も充分に満足させてくれる、世界有数の住みやすい町です。

第16章　50年後の沼津

50余年後、沼津に戻って暮らし始めると、驚くことばかりでした。まず昔はどこでも見られた子どもたちの姿が見えなくなり、代わりに老人が多く目につきました。そこにまた、私が加わったのです。駅の近くにあった昔風の喫茶店はなくなり、オープンなキャフェテリア的な店に変わっていました。そこで頻繁に見られるのが、友達同士でブランチらしきものを楽しんでいる70歳、80歳らしき婦人たち。このような光景は、パリでは見られませんでした。パリは数え切れないほどのキャフェがあり、どこも繁盛しています。そこに出入りするのは観光客、近所で働いている人、あるいは恋人たちです。その中に混じって老人同士が飲食しているのは、見たこともない。パリジャンたちは、そんな無駄遣いはしません。場末のキャフェのカウンターで見かけるのは、バターだけを塗ったバケットで手早く朝食をとっている朝早い労働者か、朝から白ワインを飲んでいるアルコール中毒者ぐらいです。最近日本では、物価高と低収入が話題になっていますが、日本はフランスよりすべての物価が安いのです。私の目には日本人の方が、パリジャンよりよほど余裕のある生活をしているように見受けられます。

老人が目立ったことと、もうひとつ感じたのが、若者たちの顔つきが変わったことです。昔には見られなかったタイプで、東南アジア系とアラブ系そして白人系が混じったような顔です。3年しか沼津に住んでいないフランス人でさえも、それを指摘していました。しかしみんな純粋な日本人で、どこの血も混ざっていないという。

それはテレビでも同じこと。ある時、姪と歌謡番組を見ていました。私は美空ひばり、島倉千代子の時代に生きた人間です。50年以上留守にすると知っている歌手はほとんどいなくなります。その番組で、モダンでイケメンのアラブ人が歌っているのを見ました。姪に、「遠い国から来て、日本で歌手として成功しているなんて、幸運なアラブ人ね」と言うと、「この人、平井堅という生粋の日本人よ」と言う。

それから2年後ぐらいに、ある中近東の国で拉致され、政府との交渉が実り日本に帰った男性がテレビで語っていました。「ある国で拉致されて車に乗せられた。何時間も走った後、アジトらしい場所に到着し、やっと目隠しを取られ、自分の顔をのぞき込んだ首領らしい男性の顔を見た時、平井堅がどうしてここにいるのかと思った」と。若い日本人の顔つきが昔と比べてこんなに変わったのは、昔の野菜、魚を中心とした食事に変わって、大量の肉とチーズなどの乳製品を摂取しているからかも知れません。

もっと驚いたのは、帰国後、初めて沼津駅前に降り立った時、目の前にあるはずの西武デパートと富士急デパートが消えているのを見た時です。唖然としました。それと共に、町全体の人並みが非常に少なくなったことです。50年代、60年代の沼津の賑わいは、どこに行ってしまったのか。駅前から始まる大手町大通り、上土町、アーケード街、仲見店通り、どの店も繁盛し、町全体が人々であふれ活気に満ちていました。大手町と上土町に並ぶ、近隣の市や町には見られない立派な建物は、その当時の繁栄を物語っています。

西武デパートがあった頃は、わざわざ東京に行かなくても用事がすみました。特に西武では他の大手デパートに先駆けて、どんどんフランス製品を日本に仕入れていました。堤邦子氏が、パリでフランス人のご主人と共にエネルギッシュに活動していました。初めてピスタチオフレーバーのアイスクリームを味わったのも、後に私の朝食の定番になったクロワッサンを知ったのも、「沼津の西武」でした。初めて船でフランスに行き、マルセイユに上陸し、次の日の宿の朝食に出たクロワッサンを見た時、「ワー、フランス人は日本のパンを食べているのだ」と、大変感激したのを覚えています。

私は、福島県西白河の滑津というところで生まれていますが、中学校は、沼津の原町浮島中学校、高校は精華学園に学びました。何よりも両親に恵まれ、好きなことをさせてもらい幸せな青春時代を送った沼津には、とても愛着を持っております。もっと沼津には元気になって欲しい。そこで、私はある夢を描きました。もし私が魔法の杖を持っているならば、第一に、新幹線を沼津に停めます。三島から取り返すのでは、ありません。このままで良いのです。他人のものは欲しがりません。その代わり沼津にひかりとのぞみを停めるのです。そして伊豆半島と箱根への国内外の観光客をすべて沼津市経由にします。

第二に、愛鷹あたりに御殿場をしのぐ規模のアウトレットを作ることです。

第三に、ＩＲ（インターナショナルリゾート）を誘致し、淡島全体を賭博場にし、周辺の町を温泉にも入れる歓楽街（風俗街）にしてしまうのです。そうすれば、東南アジアなどに集まる各国の博徒を獲得することもできるし、彼らにとっても悪くはありません。博打ばかりでなくついでに、日本独特のいろいろな文化にも触れることができ、一石二鳥なのです。

まあ、夢と空気は、まだ無料。大いに吸って、見て楽しんでいます。

もうひとつ、日本のテレビの報道でびっくりしたことがあります。自分の国に生まれて幸せに思うかの幸福度の国際的な統計です。私は、日本は15～20番以内に入っていると思っていましたが、なんと50番近かったことを記憶しています。その低さにびっくりしたのです。現在、世界にほぼ200の国と地域がある中で、どのような国が興味を持たれるか、もてはやされるか、あるいは住んでみたいか。個人的な考えではありますが、まず民主国家であること。治安が良いこと。ある程度の経済国家であること。国の歴史が長く、多種多様で高度な独自の文化を持っている国、そして私個人としては、プラス食文化が発達している国を挙げます。この五つの条件を備えている国はどこか？　私が十分知っている国の中で頭に浮かぶのは、フランス、イタリー、日本です。しかし、これらの条件が備わっていないのにも関わらず、多くの国々の人々からもてはやされ、憧れを抱かせる国があります。アメリカです。いまだにアメリカンドリームを夢見ている人たちが、世界には多いということでしょう。イーロン・マスクは、その夢を叶えたようです。

日本の国に生まれて幸福ではないと思っている方たちは、外国に行ったり、外国で生活をしたりしたことがない人が多いかもしれません。テレビでサッと見たリストの中には、日本よりずっと貧しい国、そして日本でいう三権分立が確立されておらず、民主国家でない国があり、そういう国に生きている人たちが、私たち日本人よりも幸福だと思っている。人間の幸福とは、一体どこにあるのか、わからなくなりました。

そこで私は、自分自身のことを考えてみました。80歳過ぎて終活をしている身。物欲は何もない。何の義務もない。外国人を交えた愉快な仲間たちと車で遠出をしたり、食べたり飲んだりと幸せな晩年を過ごしているつもりです。しかし、私を不幸な可哀想な老婆だと、思っている人たちもいます。かれこれ5年ぐらい前から、時間のある時は、無償で狩野川沿いの花壇の草むしりをしていますが、そこでいろんな人たちと接触があります。大半の人たちは、みすぼらしい格好をして草むしりをしている私を見て、この歳をしてまだ生きるために働かなくてはいけないのかという、憐憫が混じった目つきで通り過ぎます。あるいは、何度か「シルバーさんか?」と聞かれるので、「いいえ、ボランティアです」と答えると「手続きをすれば、1カ月で8万円稼げる」と教えてくれる人もいました。

ある日、祖母と思われる婦人と散歩をしていた4、5歳の男の子に「こんにちは、おばちゃん、何しているの?」と聞かれたので「花壇をきれいにしているのよ、坊やはいい子ね、幾つ?」と言うと、その婦人はこんな人と喋ってはいけないと言わんばかりに、子どもの手を引いて足早に去って行きました。自分が幸せだと思っても、他人はそう思っていない。結局、幸か不幸かは、他人が決めることではなく、各個人が思うことなのだと思います。

名前は忘れましたが、ある中国の偉人が1カ月幸せになりたければ婚約をしなさい、1年幸せになりたければ結婚しなさい、そして一生幸せになりたければ、釣りをしなさいと言いました。釣りは、私にすればこの草むしりなのです。狩野川沿いと友達の家の庭の草むしりをしている時が、一番安らぎを感じます。年も年なので、この世に何も欲しい物はありませんが、願わくば、沼津が私の知っている活気のある賑やかな町に戻ってほしい、それだけです。完

あとがき

このエッセイの発行にあたり、大変お忙しい中、文字起こしをして下さった今井須美子さん、実にすてきなカバーデザインのイラストを描いて下さった吉川愛美さん、そして常に私を激励して下さったＬＥＮ（Language Exchange Numazu）の仲間たち、日本語の言い回しや漢字を添削し、文章を整えて下さった静岡新聞社出版部の瀧戸さん、皆さまに深く感謝いたします。

佐藤　美知子

撮影／Francisco Hidalgo

佐藤 美知子（さとう みちこ）

1943年　福島県西白河郡滑津生まれ
1956年　白河滑津小学校卒業
1959年　静岡県沼津市原浮島中学校卒業
1962年　沼津市沼津中央高校（旧精華学園）卒業
〃　1年間東京で英語を学ぶ
1965年　1回目渡仏
1969年　2回目渡仏　フランス語取得のため
1972年　3回目渡仏　フランスの労働許可証取得
1973年　ガイド免許取得　10年間観光業に従事
1984年　オペラ座地区に和食レストランをオープン
1992年　ワグラム地区にて2店目をオープン
2016年　ワグラムの店を売却
2017年　沼津市民となる

80婆さんのパリ在住50年の思い出

2024年11月20日　初版発行

著　　　者　佐藤 美知子
イラスト　吉川 愛美
発　売　元　静岡新聞社
〒422-8033　静岡市駿河区登呂 3 - 1 - 1
電話　054-284-1666
印刷・製本　藤原印刷株式会社

ISBN978-4-7838-8096-7